အမွန်မြတ်ဆုံးသော ဘုရားသခင်၏ အမွေဥစ္စာ

အမွန်မြတ်ဆုံးသော ဘုရားသခင်၏ အမွေဥစ္စာ

The Greatest Heritage – God's Gift to Parents

by
Biak Nei Zing

The Greatest Heritage - God's Gift to Parents
by Biak Nei Zing

Copyright © Biak Nei Zing 2026
All rights reserved

In accordance with copyright laws, this book or parts thereof may not be reproduced in any form, stored in an retrieval system, or transmitted in any form by any means - electronic, mechanical, photocopy, recording, or otherwise - without prior written permission of the publisher or author.

No AI Training: Without in any way limiting the author's exclusive rights under copyright, any use of this publication to "train" generative artificial intelligence (AI) technologies to generate text is expressly prohibited. The author reserves all rights to license uses of this work for generative AI training and development of machine learning language models.

No AI used in writing this publication.

Scripture references are from
https://www.wordproject.org/bibles (Myanmar Holy Bible).

Revision 1

Published by Nenge Books, Australia, January 2026
ABN 26809396184
nengebooks1@gmail.com
This book can be purchased online at www.nengebooks.com

ISBN 978-1-7644052-2-5

မာတိကာ

စာအုပ်အနုမောဒနာ vii

Foreword ix

ကျေးဇူးတင်စကား 1

စာရေးသူ၏အမှာစကား 3

အပိုင်း ၁ - ရှုပါရုံ 7

i) လူတစ်ဦးတစ်ယောက်အတွက် ဘဝအသက်တာ ရပ်တည်မှု၏ ရည်ရွယ်ချက် 7

ii) ယေရှု၏အသက်တာ 9

iii) ရှုပါရုံ 18

iii) မိဘများအပေါ်ဘုရား၏ ရှုပါရုံ 30

အပိုင်း ၂ - ကလေးများ၏လိုအပ်ချက်များ 47

i) ထာဝရအသက် 49

ii) ချစ်ခြင်းမေတ္တာ 58

iii) ဘုရားသခင် 68

iv) ဆုံးမခြင်း 78

v) သွန်သင်ခြင်း/သင်ကြားခြင်း 84

vi) ကောင်းကြီးပေးခြင်း 94

အပိုင်း ၃ - မိဘများ သတိထားသင့်သည့်အချက်များ 103

i) မတူညီသောချစ်ခြင်းမေတ္တာ 103

ii) ပထမပညတ် ကိုသတိပြုခြင်း 107

iii) နှုတ်ကို သတိပြုခြင်း 117

iv) သူတစ်ပါးနှင့် နှိုင်းယှဉ်ခြင်း 123

မှတ်စုများ 130

အပိုင်း ၁ - ရှုပါရုံ 130

အပိုင်း ၂ - ကလေးများ၏လိုအပ်ချက်များ 132

အပိုင်း ၃ - မိဘများ သတိထားသင့်သည့်အချက်များ
.... 134

စာအုပ်အနုမောဒနာ

ကျွန်မပထမဆုံးထုတ်ဝေသောစာအုပ် "အမွန်မြတ်ဆုံးသော ဘုရားသခင်၏ အမွေဥစ္စာ" စာအုပ်ကို ရေးသားခြင်းအားဖြင့်၊ ဤလောကတွင် ဘုရားသခင်ပေးသော ကျွန်မအတွက် အကောင်းဆုံး မိဘနှစ်ပါးကို ဂုဏ်ပြုလိုပါတယ်။ ကျွန်မ အခုလို လူလားမြောက်အောင် ငယ်ရွယ်သော အချိန်၌ပင် မိသားစု ဆုတောင်းခြင်းအစီအစဉ်ကို ညတိုင်း ဦးဆောင်ပေးသော အမေ၊ အဖေမရှိတော့သည့် အချိန်တွင်လည်း ဘုရားသခင်ကို အားကိုးခြင်းဖြင့် ကျွန်မတို့ညီအမများကို ပြုစုပျိုးထောင်ပေးသောအမေ၊ ပညာတတ်တစ်ယောက် ဖြစ်နိုင်အောင် ပင်ပင်ပန်းပန်း အလုပ်လုပ်ပြီး၊ ကျွေးရှင်ထားပေးသော အဖေ၊ ဤလောကတွင် မရှိတော့သော်လည်း သူ၏ရာဇဝင်အားဖြင့် ယနေ့အချိန်ထိ ကျွန်မကို ဆက်လက်သွန်သင်ပေးနေသော အဖေ။ ထိုကဲ့သို့အလွန် မွန်မြတ်သော ကျွန်မ၏မိဘနှစ်ပါးတို့ကို ဤစာအုပ်ရေးခြင်းအားဖြင့် အသိမှတ်ပြုပါ၏။

Papa le nanu, ka lungawi.

အမွန်မြတ်ဆုံးသော ဘုရားသခင်၏ အမွေဥစ္စာ

Foreword

စာရေးသူ Biak Nei Zing သည် ဤစာအုပ်ကို နောက်မျိုးဆက်တွေအတွက် ဘုရားပေးသော ဝန်တာနှလုံးသားဖြင့် ရေးသားထားတာကို စာမျက်နှာတိုင်းမှာ ထင်ရှားစွာ မြင်တွေ့နိုင်ပါသည်။ သူမသည် ဘုရားသခင်၏နှလုံးသားကို အမှန်တကယ်ခံစားပြီး ဘုရားသခင်၏ရည်ရွယ်ချက်အတိုင်း ကလေးများကိုကြီးပြင်းစေရန် နက်ရှိုင်းသောဆန္ဒဖြင့် ရေးသားထားပါသည်။ ကလေးများစွာကို ကျမ်းစာထက် အသိုင်းအဝိုင်း၊ ယဉ်ကျေးမှုနဲ့ ပိုမိုပုံသွင်းနေသည့်အချိန်တွင် ဤစာအုပ်သည် ဘုရားသခင်ထံမှ ကလေးတိုင်းအတွက် ရည်ရွယ်ချက်ရှိထားပြီး မိဘများက သားသမီးများကို ပြုစုပျိုးထောင်ရာတွင် ကိုယ်တော်နှင့်အတူ ပူးပေါင်းဆောင်ရွက်ရန် တာဝန်ရှိတယ်ဆိုတာ သတိပေးချက်ပြုနေပါသည်။

စာရေးသူသည် နားလည်ရလွယ်ကူပြီး လက်တွေ့ကျသော လွန်စွာ တန်ခိုးပါသော သမ္မာတရားများကို ဖော်ပြထားပြီး ထိုဖွင့်ပြချက်များသည် ဘုရားသခင်၏အလိုတော်နှင့်အညီ အားကြီးသောမျိုးဆက်ကို ပြုစုလိုသော မိဘများအတွက် အထူးအထောက်အကူဖြစ်စေပါလိမ့်မယ်။

Pastor Sarah Aye

အမွန်မြတ်ဆုံးသော ဘုရားသခင်၏ အမွေဥစ္စာ

ကျေးဇူးတင်စကား

ရှေးဦးစွာ ဤစာအုပ်ကိုရေးဖို့ရန်အတွက် ရှုပါရုံပေးပြီးနှိုးဆော်ရှိသာမက၊ ကျွန်မကို လိုအပ်သော ဉာဏ်ပညာနဲ့လမ်းပြပို့ဆောင်ပေးတဲ့ဘုရားရှင်နာမ ဘုန်းကြီးပါစေ။ ကျွန်မကို ကယ်တင်ခြင်းသတင်းကောင်း နားလည် ယုံကြည်လက်ခံစေရန် သင်ကြားပေးသော ဆရာမ Ni Hnem Sung နှင့် ဆရာ Henry Sang Thian Cung တို့အား အထူးကျေးဇူးတင်ပါတယ်။ ထို့နောက် ဝိညာဉ် ဗတ္တိဇံ၊ ရှုပါရုံ၊ ဝိညာဉ်တော်နှင့်သွားလာတတ်ခြင်း၊ ဝိညာဉ်တော်ဆုကျေးဇူးများနှင့် အမှုတော်ဆောင်တတ်ခြင်းများကို နားလည်စေသော Apostle Dr. Zaw Lin Aung, Apostle Dr. Roi Nu နှင့် Pastor Sarah Aye တို့ကိုလဲ အထူးကျေးဇူးတင်ကြောင်း ပြောလိုပါတယ်။ ထို့နောက် ကျွန်မကို သွန်သင် လမ်းပြပေးသော Prophet Joshua Aye၊ ဆရာ Maung Shwe နှင့်အတူ ဆရာမ Batty Lian တို့ကိုလဲဂုဏ်ပြု ကျေးဇူးတင်လိုပါတယ်။ ဒီစာအုပ် လေးကို ထုတ်ဝေပေးတဲ့ Pastor Mike Jelliffe သော်၎င်း၊ စာအုပ်အဖုံးများကို ထုတ်လုပ်ပေးသော Tumpi ကိုသော်၎င်း၊ ဤစာအုပ်ကို စာစီပေးသော ဆရာ Hein Tun

အမွန်မြတ်ဆုံးသော ဘုရားသခင်၏ အမွေဥစ္စာ

Zaw နှင့်အတူ ဆရာ Siang Lian Lian Zaw တို့ကိုလဲအထူးကျေးဇူးတင်ကြောင်း ပြောလိုပါတယ်။ ဘုရားသခင်ကို အလွန်ချစ်ပြီး၊ ဤစာအုပ်စတင်ရေးသည့် အချိန်တွင်ပင် ဆုတောင်းပေးသော အလွန်ချစ်ရပါသော Papu (Pu Ral Lian Thio)၊ ဆရာမ Ja Ja Nsang၊ ဆရာမ Emily Mawi၊ ဆရာမ The The နှင့် ဆရာမ Lydia Kim တို့ကိုလဲ ကျေးဇူးတင်ပါတယ်။ ဤစာအုပ်လေး ဖြစ်လာဖို့ရန်အတွက် အဖက်ဖက်ကနေ ကူညီပေးတဲ့သူအယောက် ဆီတိုင်း အထူးကျေးဇူးတင်ကြောင်း ထပ်မံပြောကြားလို ပါတယ်။

စာရေးသူ၏အမှာစကား

ဤစာအုပ် "အမွန်မြတ်ဆုံးသောဘုရားသခင်၏အမွေဥစ္စာ" သည် ဘဝခရီးစဉ်အတွင်း မိဘ/အုပ်ထိန်းသူဖြစ်သော သင်၏အသက်တာတွင် အလွန်မှ အရေးကြီးသော "ဤလောကတွင် အသက်ရှင်လျှက်ရှိသော သင်၏တည်ရှိခြင်း ရည်ရွယ်ချက်" ၏အဖြေကို စတင်တွေ့ရှိနိုင်ရန် လမ်းညွှန်မှုပေးပါသည်။ ထို့နောက် ဤစာအုပ်ကိုဖတ်ရှုပြီးသောအခါ ဘုရားသခင်ဆုချ၍ ပေးသနားတော်မူသော အမွေဥစ္စာများဖြစ်ကြသော သား/သမီးများကို မိဘများ/အုပ်ထိန်းသူများ နှုတ်ကပတ်တော်အတိုင်း မည်ကဲ့သို့ အုပ်ထိန်းရမည်ကို နားလည်ရုံသာမက မိမိတို့၏ သားမြေးများ မြေပေါ်တွင် အားကြီးခြင်း၊ အိမ်၌ စည်းစိမ်ဥစ္စာကြွယ်ဝခြင်း နှင့် မိမိ၏အမျိုးအနွယ် မင်္ဂလာရှိသောအမျိုးအနွယ်ဖြစ်စေရန် ပြုလုပ်ရမည့်အချက်များကို နားလည်လာမည်။

အမွန်မြတ်ဆုံးသော ဘုရားသခင်၏ အမွေဥစ္စာ

ဆာလံကျမ်း ၁၂၇း၃
ဘွားမြင်သော သားသမီးတို့သည်ထာဝရဘုရား ဆုချ၍
ပေးသနားတော်မူသော အမွေဥစ္စာဖြစ်ကြ၏။

ဤစာအုပ်ထဲတွင် ရေးသားထားသောအချက်များနှင့် ပတ်သက်၍ အသေးစိတ်တင်ပြရေးသားထားခြင်းမရှိပေ။ ဥပမာ မိမိသားသမီးကို အဘယ်သို့ဆုံးမရမည်နည်း။အဘယ်သို့သွန်သင်ရမည်နည်း။အဘယ် သို့ချစ်ပြရမည်နည်း။ စသည်ဖြင့် အသေးစိတ်ကို မရေးသားထားပါ။ အဘယ်ကြောင့်ဆိုသော် ကလေးများအားလုံး တစ်ဦးတစ်ယောက်ဆီတိုင်းသည် အလွန်ထူးခြားပြီး၊ ဤလောကတွင် ပြိုင်ဘက်ကင်းသောသူများ၊ သူတို့ကဲ့သို့ နှစ်ယောက်မရှိသောကြောင့် ထိုကဲ့သို့သော အသေးစိတ်နည်းလမ်းများသည်လည်း တစ်ယောက်နှင့်တစ်ယောက် မတူကြပေ။ ဥပမာ ချစ်ခြင်းမေတ္တာနှင့် ပတ်သက်၍ကလေးများအားလုံး ချစ်ခြင်းမေတ္တာကိုလိုအပ်ကြသည်။ သို့သော်လည်း ကလေးတစ်ယောက်နှင့်တစ်ယောက် ထို ချစ်ခြင်းမေတ္တာကို နားလည်ပုံမတူသည့်အတွက် မိမိသား/သမီးများ အဘယ်သို့

ချစ်ကြောင်းကို ပြရမည်ဟူသော အသေးစိတ်လည်းမတူနိုင်ပါ။ သို့သော် မိဘများအား၊ ခွန်အားပေးချင်သည့်အရာမှာ ထိုအသေးစိတ်များကိုမူကား၊ သင့်အား ၍အလွန်မွန်မြတ်သော အမွေဥစ္စာများကိုပေးတော်မူသော၊ သင့်သား/သမီးများ၏ လိုအပ်ချက်များနှင့် ပတ်သက်၍ အလုံးစုံတို့အားသိတော်မူသော ဘုရားသခင်ကို မေးမြန်းခြင်းအားဖြင့် အဖြေများကိုရှာကြပါစို့။

အမွန်မြတ်ဆုံးသော ဘုရားသခင်၏ အမွေဥစ္စာ

အပိုင်း ၁ - ရှုပါရုံ

i) လူတစ်ဦးတစ်ယောက်အတွက် ဘဝအသက်တာ ရပ်တည်မှု၏ ရည်ရွယ်ချက်

ကျွန်မ၏အသက်တာတွင် အလွန်အရေးကြီးသော မေးခွန်းတစ်ခု၏ အဖြေကို မသိဘဲ နှစ်ပေါင်းမြောက်များစွာ အချိန်ဖြုန်းတီးကာ အသက်ရှင်ခဲ့သည်။ ထိုမေးခွန်းအား မည်သူ့ကိုမျှ မေးရန် မစဉ်းစားဖူးပေ။ အဘယ်ကြောင့်ဆိုသော် ထိုမေးခွန်း၏အဖြေကို ကျွန်မသိချင်လိုသောအဖြေနှင့် အံ့ဝင်ခွင်ကျ ဖြေကြားပေးနိုင်လိမ့်မည် မထင်ရုံသာမက၊ ထိုမေးခွန်းကို မေးရန် ရှက်စရာ ကောင်းသည်ဟု ကျွန်မထင်ခဲ့မိသည်။ သို့သော်လည်း၊ ဘုရားသခင်၏ကျေးဇူးတော်ကြောင့် ကျွန်မသည် ကယ်တင်ခြင်းရပြီး၊ သန့်ရှင်းသောဝိညာဉ်တော်နှင့် အတူသွားလာတတ် သည့်အချိန်တွင် ကျွန်မလိုအပ်သောအဖြေအား ဝိညာဉ်တော်ဘုရား၏ ဖွင့်ပြခြင်းအားဖြင့် နားလည်သဘောပေါက်ခဲ့သည်။

ထိုမေးခွန်းသည် လူတိုင်း မေးလေ့ရှိသော မေးခွန်းလေးဖြစ်ပြီး၊ ထိုအရာမှာ "ဤလောကတွင် သင်အဘယ်ကြောင့် အသက်ရှင်ရသနည်း။" ထိုမေးခွန်းလေး၏ အဖြေ ကိုသိရန် အလွန်အရေးကြီးသည်။

ဤလောကကြီးတွင် အသက်ရှင်လျှက်ရှိစဉ် သင်၏တည်ရှိခြင်း ရည်ရွယ်ချက်ကို သင်တွေးဖူးပါသလား။ တစ်နည်းအားဖြင့် သင်အဘယ်ကြောင့် ဤလောကကြီးတွင် မွေးဖွားလာရသနည်း။ ကျွန်ုပ်တို့၏ တည်ရှိခြင်း ရည်ရွယ်ချက်ကို မသိလျှင်၊ ထိုရည်ရွယ်ချက်ကဲ့သို့ အသက်မရှင်လျှင် ကျွန်ုပ်တို့၏ဘဝ သည် အဓိပ္ပါယ်မဲ့ပြီး၊ ကျေနပ်ခြင်းနဲ့ ကင်းဝေးရပါလိမ့်မည်။ ဤမေးခွန်းလေး၏အဖြေကို ယေရှုခရစ်တော်၏အသက်တာ ကိုကြည့်ခြင်းအားဖြင့် ဘုရားသခင် ကျွန်မအား စကားပြောသကဲ့သို့ ဤစာအုပ်ကို ဖတ်သောသင့်အား ဘုရားသခင် စကားပြောမည်ဟု ကျွန်မအထူးယုံကြည်သည်။

ii) ယေရှု၏အသက်တာ

ကောရိန္ထု သြဝါဒစာပဌမစောင် ၁၁:၁
ငါသည်ခရစ်တော်၏ နည်းတူကျင့်သကဲ့သို့ သင်တို့လည်း ငါ့နည်းတူ ကျင့်ကြလော့။

တမန်တော် ရှင်ပေါလုသည် ယေရှုဘုရားကျင့်သကဲ့သို့ သူကိုယ်တိုင် ကျင့်သည်သာမက ကောရိန္ထု မြို့၌ရှိသော ဘုရားသခင်၏ အသင်းတော် ယုံကြည်သူများအား သူ့နည်းတူ (ခရစ်တော်နည်းတူ) ကျင့်ရန် တိုက်တွန်းနှိုးဆော်ခဲ့သည်။
ခရစ်တော်၏နည်းတူကျင့်ခြင်းသည် အဘယ်သို့နည်း။

ယေရှုဘုရားသည်လူ့ သဏ္ဌာန်ကို ဆောင်ယူကာ ဤလောက၌ ဖွားမြင်ပြီး၊ လူတို့လက်သို့ အပ်နှံခြင်း၊ အသေသတ်ခြင်းကို ခံရပြီး၊ သုံးရက်မြောက် သောနေ့တွင်ရှင်ပြန်ထမြောက်ခြင်းသည် ခမည်းတော်ဘုရားမှ သခင်ယေရှု အပေါ်တွင်ထားသော ရှုပါရုံဖြစ်သည်။ ထိုရှုပါရုံအား ယေရှုဘုရားသည် ပြည့်စုံစေခြင်းအားဖြင့် မာရ်နတ်အမှုများအား ပယ်ဖျက်ခြင်း၊ အပြစ်ရှိသော သင်နှင့်ကျွန်မတို့သည် ကယ်တင်ခြင်း သို့ရောက်ရကြခြင်းဖြစ်သည်။

ယေရှုဘုရားနှင့်ပတ်သက်၍ ခမည်းတော်၏ ရူပါရုံများကို ပရောဖက်ပြုချက်များ အားဖြင့် ကျမ်းစာတွင် မြင်ရပြီး၊ ထို ပရောဖက်ပြုချက်များအားလုံးကို ယေရှုဘုရားသည်ပြည့်စုံစေခဲ့သည်။

ယေရှုဘုရားသည် ခမည်းတော်၏ရူပါရုံကို အဘယ်သို့ ပြည့်စုံစေသနည်း?။

❖ **အလိုတော်ကိုဆောင်ခြင်း**

ရှင်ယောဟန်ခရစ်ဝင် ၆း၃၈
အကြောင်းမူကား၊ ငါသည် ကိုယ်အလိုသို့လိုက်ခြင်းငှါ ကောင်းကင်မှဆင်းသက်သည်မဟုတ်။ ငါ့ကို စေလွှတ်တော်မူသောသူ၏ အလိုတော်သို့လိုက်ခြင်းငှါ ဆင်းသက်၏။

ရှင်ယောဟန်ခရစ်ဝင် ၄:၃၄

ယေရှုက၊ ငါ့ကိုစေလွှတ်တော်မူသောသူ၏ အလိုတော်ကိုဆောင်ခြင်း၊ သူ၏အမှုတော်ကို ပြီးစီးခြင်း အမှုသည် ငါ့စားစရာဖြစ်၏။

ယေရှု ကောင်းကင်မှ ဆင်းသက်ခြင်းသည် သူ့အားစေလွှတ်သော သူ၏အလိုတော်ကို လိုက်ရန်ဆင်းသက်လာသည်ဟု ဝန်ခံခဲ့သည်။ ထို့နောက် ယေရှုသည် သူ့နှင့်ပတ်သက်၍ ခမည်းတော်၏ရှုပါရုံများအား သိရှိသာမက၊ ထို ရှုပါရုံများကိုပြည့်စုံစေခြင်းငှါ၊ သူ့အားစေလွှတ်တော်မူသော ခမည်းတော်၏ အလိုတော်ကို လိုက်ခြင်းသည် သူ၏စားစရာဖြစ်သည်ဟု ထပ်မံဝန်ခံခဲ့သည်။

ယေရှုသည် ထိုကဲ့သို့ ဝန်ခံခဲ့သော်လည်း သူ့အားဖမ်းဆီးမည့် အချိန် မတိုင်မှီ ဂေသရှေမန်အရပ်တွင် သူ၏ဆုတောင်းခြင်းကို ဖတ်ခြင်းအားဖြင့် ခမည်းတော်ရဲ့ အလိုတော်ကို ဖြည့်ဆည်းရန် ယေရှု နက်နဲစွာ သန္နိဋ္ဌာန်ချထား ခြင်းအကြောင်းကို မြင်ရသည်။

ရှင်မဿဲခရစ်ဝင် ၂၆း၃၉

ထိုမှ အနည်းငယ်လွန်ပြန်လျှင် ပြပ်ဝပ်၍အကျွန်ုပ်အဘ၊ ကျွခွက်သည် အကျွန်ုပ်ကိုလွန်သွားနိုင်လျှင် လွန်သွားပါစေသော။ သို့သော်လည်း အကျွန်ုပ်အလိုရှိသည်အတိုင်း မဖြစ်ပါစေနှင့်။ ကိုယ်တော်အလိုရှိသည် အတိုင်း ဖြစ်ပါစေသောဟု ဆုတောင်းတော်မူ၏။

ယေရှုသည် သေလောက်အောင် စိတ်နှလုံး အလွန်ညှိုးငယ်ခြင်း ရှိသော်လည်း သူ၏ခံစားချက်၊ သူ၏အလိုတော်ထက်သာ၍ ခမည်းတော်ဘုရား၏ အလိုတော်အတိုင်း သူ့၌ဖြစ်ပါစေဟု ဆုတောင်းခဲ့သည်။ ကျွနူတ်ကပတ်တော်ကို ဖတ်ခြင်းအားဖြင့် လူသားများအပေါ်သို့ ဘုရားသခင်ထားသော ရှုပါရုံများသည် မိမိခံစားချက်၊ ဆန္ဒများနှင့် မျှော်လင့်သည့်အတိုင်း ထပ်တူမကျပေ။ ထိုအချိန်များတွင် သင်သည် မည်သည့်အရာအား ဦးစားပေးနေသနည်း။ ယေရှုဘုရားမူကား၊ သူမည်သို့ပင် ခံစားပါစေ၊ ခမည်းတော်၏ အလိုတော်အတိုင်း သူ၏အသက်တာတွင်ပြည့်စုံဖို့ရန်အတွက် အနှစ်နာခံ ကြိုးပမ်းအားထုတ် လိုက်လျှောက်ခဲ့သည်။

❖ အမှုပြီးပြီ

ရှင်ယောဟန်ခရစ်ဝင် ၁၉း၃၀

ယေရှုသည် ပုံးရည်ကိုခံပြီးမှ၊ အမှုပြီးပြီဟု မိန့်တော်မူလျက်၊ ခေါင်းတော်ကို ငိုက်ဆိုက်ညွှတ်၍ အသက်တော်ကို စွန့်တော်မူ၏။

ခမည်းတော်ခိုင်းသည့်အရာများအားလုံးကို နာခံခြင်းဖြင့် ဝန်ခံခဲ့သောယေရှုသည် လက်ဝါးကားတိုင်ပေါ်တွင် အသက်မစွန့်မီ "အမှုပြီးပြီ" ဟုမိန့်တော်မူခဲ့သည်။ ကျွန်ုပ်တို့သည်လည်း ကျွန်ုပ်တို့၏ယာယီတဲ ဖြစ်သော ခန္ဓာကိုယ်အား ယခုပင်ထားခဲ့ရမည်ဟု ဆိုလျှင် ယေရှုဘုရားကဲ့သို့ အမှုပြီးပြီဟု ပြောနိုင်မည်လော?

ယေရှုဘုရားနည်းတူ ကျွန်ုပ်တို့၏အသက်တာတွင် မည်သည့်အချိန်တွင်မဆို "အမှုပြီးပြီ" ဟုပြောနိုင်ခြင်းသည် ကျွန်ုပ်တို့ ဤလောကတွင် မွေးဖွားလာရခြင်း၏ အဓိကရည်ရွယ်ချက် ဖြစ်သည်။ ထိုရှုပါရုံများ ပြည့်စုံစေဖို့ရန် ယေရှုဘုရားကဲ့သို့ သန္နိဋ္ဌာန် ချထားသောသူများ ဖြစ်ရန် ဘုရားသခင်အလိုရှိသည်။ ထိုအပြင်

အမွန်မြတ်ဆုံးသော ဘုရားသခင်၏ အမွေဥစ္စာ

ဘုရားသခင်၏ရှုပါရုံများ နှင့်ပတ်သက်ပြီး၊ မိမိ ခံစားချက်၊ မိမိ အလိုဆန္ဒများအား ငြင်းပယ်သင့်လျှင်ငြင်းပယ်ပြီး၊ ဘုရားသခင်၏ အလိုတော်အား သခင်ယေရှုခွင့် ပြည့်စုံစေသကဲ့သို့ မိမိအပေါ်၌ပြည့်စုံစေခြင်း ၌ သင် သည်လည်း အလွန်တရာမှ အရေးကြီးသော ဘုရားသခင်၏ အလိုဆန္ဒဖြစ်ပေသည်။ ဤသည်ပင် လူ့လောက၌ လူတစ်ယောက်အဖြစ် အသက်ရှင်ရခြင်း၏ အဓိက အနှစ်သာရ ဖြစ်သည်။ ဤအသက်တာကို နားလည်ခြင်းအားဖြင့်ဘဝ အသက်တာ၏ ရှေ့ဆက်လျှောက်လှမ်းမည့် ခရီး၌ မိမိအလိုတော်အတိုင်း အသက်ရှင်သော သူမဟုတ်ပဲ၊ ဘုရားသခင်၏ အလိုတော်ကို လိုက်လျှောက်ခြင်းမှ ထာဝရအသက်တာ အတွက်ပင် တွန်းပို့ပေးမည့် မွန်မြတ်လှသော အဖိုးမဖြတ်နိုင်သည့် သစ္စာတရားပင် ဖြစ်သည်။

❖ ချီးမြှောက်၊ ဂုဏ်ပြုခြင်း

ဖိလိပ္ပိသြဝါဒစာ ၂း၅-၁၁

ယေရှုခရစ်၌ရှိသော ထိုစိတ်သဘောကို သင်တို့၌လည်း ရှိစေကြလော့။

ထိုသခင်သည် ဘုရားသခင်၏ သဏ္ဌာန်တော်နှင့် ပြည့်စုံတော်မူသည်ဖြစ်၍၊ ဘုရားသခင်နှင့် ပြိုင်သောအမှုကို လုယူခြင်းအမှုဟူ၍ မထင်မမှတ်လျက်ပင်၊ မိမိအသရေကိုစွန့်၍ အစေခံကျွန်၏သဏ္ဌာန်ကို ယူဆောင်လျက်၊ လူကဲ့သို့သောအဖြစ်၌ ဘွားမြင်ခြင်းကို ခံတော်မူ၏။ ထိုသို့ လူ၏ဂုဏ်အင်္ဂါလက္ခဏာနှင့် ပြည့်စုံလျက်၊ အသေခံခြင်းသာမဟုတ်၊ လက်ဝါးကပ်တိုင်မှာ အသေခံခြင်းတိုင်အောင် အစေကျွန်ခံ၍ ကိုယ်ကိုကိုယ်နှိမ့်ချတော်မူ၏။ ထိုကြောင့် ဘုရားသခင်သည် ကိုယ်တော်ကိုအလွန်ချီးမြှောက်၍ ဘွဲ့နာမတကာတို့ထက် ကြီးမြတ် သော ဘွဲ့နာမကို ပေးသနားတော်မူ၏။ အကြောင်းမူကား၊ ကောင်းကင်သတ္တဝါ၊ မြေကြီးသတ္တဝါ၊

မြေကြီးအောက်၌ရှိသော သတ္တဝါ တည်းဟူသော ခပ်သိမ်းသော သတ္တဝါတို့သည် ယေရှု၏ဘွဲ့နာမတော်ကို ဦးထောက်၍၊ ယေရှုခရစ်သည် သခင်ဖြစ်တော်မူ၏ဟု နှုတ်နှင့်ဝန်ခံသဖြင့်၊ ခမည်းတော်ဘုရား၏ ဘုန်းအသရေ တော်ကို ထင်ရှားစေကြမည်အကြောင်းတည်း။

ယေရှုခရစ်သည် ခမည်းတော်၏ ရူပါရုံ (အလိုတော်အား) ပြီးပြည့်စုံစေသည့်နောက်တွင် သူ့ကို ခမည်းတော်မှ ချီးမြှောက်ရုံသာမက၊ ဘွဲ့နာမတကာတို့ထက် ကြီးမြတ်သော ဘွဲ့နာမကို ပေးသနားတော်မူသည်။

ဤစာအုပ်ကို ဖတ်ရှုနေသော ယုံကြည်သူ ညီအစ်ကို/ မောင်နှမအားလုံး သော်လည်းကောင်း၊ မိတ်ဆွေများအားလုံး၏ အသက်တာတွင် ကျွန်ုပ်တို့ဤလောကတွင် အသက်ရှင်ခြင်း၏ ရည်ရွယ်ချက်သည် ဘုရားသခင်၏ ရူပါရုံများ မိမိအသက်တာတွင်ပြည့်စုံစေခြင်း၊ ယေရှုကဲ့သို့ ဤခန္ဓာကိုယ်နှင့်ခွဲခွာရသည့် အချိန်တွင် "အမှုပြီးပြီ" ဟု ပြောဆိုနိုင်မည့်သူများဖြစ်ဖို့ရန်၊ ယေရှုကဲ့သို့ ဘုရားသခင် မိမိအပေါ်တွင်ထားသော ရူပါရုံများပြည့်စုံစေရန်

အမွန်မြတ်ဆုံးသော ဘုရားသခင်၏ အမွေဥစ္စာ

နက်နဲသောသန္ဓိဋ္ဌာန်ချထားသည့်သူများဖြစ်ရန် အရေးကြီးကြောင်း နားလည်သဘောပေါက်စေချင်သည်။

သို့ဖြစ်လျှင် သင့်အပေါ်သို့ထားသော ဘုရား၏ရှုပါရုံများအား သင်သိပါသလား?

iii) ရူပါရုံ

❖ **ရူပါရုံ ၏အဓိပ္ပါယ်**

Google အဘိဓာန်တွင် 'Vision' ဆိုသည့် စကားလုံး၏အနက် အဓိပ္ပါယ်များစွာကို ပြသထားသည်။ ထိုအဓိပ္ပါယ်များစွာထဲမှ အချက်နှစ်ချက်များမှာ

၁) ဉာဏပညာ သို့မဟုတ် စိတ်ကူးဉာဏ်ဖြင့် အနာဂတ် ဖြစ်ပျက်မည့်အရာကို တွေးတောနိုင်ခြင်း၊

၂) အိပ်မက်ထဲအားဖြင့် ဆန်းကြယ်သော နိမိတ်လက္ခဏာအားဖြင့် ရှေးဖြစ်မည့်အရာကို သဘာဝလွန်စွာ ကြုံတွေ့နိုင်ခြင်း

ပထမအမျိုးအစား ရူပါရုံသည်အောင်မြင်သောလူများစု ၏တစ်နှစ်တာစီမံကိန်းသော်၎င်း၊ အဖွဲ့အစည်းများနှင့် စီးပွားရေးလုပ်ငန်းများ၏ ဖွဲ့စည်းပုံ အခြေခံဥပဒေ များ၏ ပထမစာမျက်နှာတွင် မြင်တွေ့ရလေ့ရှိသည်။ ဤရူပါရုံများကို အများအားဖြင့် ဒေတာ၊ အသိပညာ၊ ဉာဏပညာဖြင့် လွှမ်းမိုးတတ်သောကြောင့် အကန့်အသတ်ရှိနိုင်သည်။

သို့သော် ဒုတိယအမျိုးအစား ရှူပါရုံ/ဗျာဒိတ်ရှူပါရုံ/ဗျာဒိတ်တော် ဟူမူကား ဘုရားသခင်၏ပရောဖက်များအားဖြင့် သဘာဝလွန် မြင်ရသောအရာများဖြစ်ကြပြီး၊ လူတတ်နိုင်ခြင်းအပေါ်တွင် မှီခိုခြင်းမရှိပါ။

လူအများစုသည် မိမိ၊ မိသားစု၊ သားသမီး၊ စီးပွားရေး၏ အနာဂတ်နှင့်ပတ်သက်၍ ပထမရှူပါရုံများ ရှိတတ်ကြသော်လည်း၊ သာ၍ အရေးကြီးသော ဒုတိယရှူပါရုံ၊ ဘုရားသခင်ဆီမှလာသော ဗျာဒိတ်ရှူပါရုံ ကိုမူကား လျှစ်လျှူရှုု၊ တတ်ကြသည်။

❖ ဗျာဒိတ်ရှူပါရုံ ၏အရေးကြီးခြင်း

ကျမ်းစာထဲတွင် ဘုရားသခင်သည် သူ၏လူများကို ဗျာဒိတ်ရှူပါရုံပြပြီး စကားပြောကြောင်းကို မြင်ရသည်။

သုတ္တံကျမ်း၂၉း၁၈
ဗျာဒိတ်တော်မရှိလျှင်၊ လူတို့သည် အကျိုးနည်း ဖြစ်ကြ၏။ တရားတော်ကို စောင့်သောသူမူကား မင်္ဂလာ ရှိ၏။

အာဗြဟံ

အာဗြဟံ၏အသက်တာတွင် ဘုရားသခင်ထံမှ ဗျာဒိတ်တော် မရောက်လာမီတွင် စိုးရိမ်ခြင်းရှိခဲ့သည်။ ထို့ကြောင့် ဗျာဒိတ်တော်အားဖြင့်၊ ထာဝရဘုရား၏ နှုတ်ကပတ်တော်သည် အာဗြဟံသို့ရောက်သည့်အချိန်တွင် "အချင်းအာဗြံ၊ မစိုးရိမ်နှင့်" (ကမ္ဘာဦးကျမ်း ၁၅း၁) ဟုဘုရားသခင်သည် အာဗြံအား နှစ်သိမ့်ပေးခဲ့သည်။

ယခုလက်ရှိ သင့်အသက်တာတွင် အဘယ်အကြောင်းကြောင့် သင်သည် စိုးရိမ်ခြင်းရှိသနည်း။ သင်၏အနာဂတ်နှင့်ပတ်သက်၍ စိုးရိမ်နေပါသလား၊ သင်၏သားသမီးများ ကြောင့် စိုးရိမ်နေပါသလား၊ သင်သည် တစ်စုံတစ်ခုကြောင့် စိုးရိမ်နေလျှင်၊ သင်သည် ဘုရားသခင်ထံမှလာသော ဗျာဒိတ်တော်ရှုပါရုံများ လိုအပ်ကြောင်းဖော်ပြနေသည်။

သို့သော် ဗျာဒိတ်တော်အားဖြင့်၊ ထာဝရဘုရား၏ နှုတ်ကပတ်တော်သည် အာဗြံထံသို့ရောက်သည့် အချိန်တွင်မူ၊ အာဗြံသည် စိုးရိမ်ခြင်းပျောက်ကင်းကာ "ထာဝရဘုရားကို ယုံကြည်သည် ဖြစ်၍" (ကမ္ဘာဦးကျမ်း ၁၅း၆) ဟူသော

ယုံကြည်ခြင်းသို့ ပြောင်းလဲသွားခဲ့သည်။ စိုးရိမ်ခြင်း ရှိနေသော သင်၏လက်ရှိအသက်တာအား ယုံကြည်ခြင်းသို့ ပြောင်းစေနိုင်သည့် အရာသည် ဘုရားသခင်ဆီထံမှလာသော ဗျာဒိတ်တော် ဖြစ်သည်။

ဗျာဒိတ်တော်အားဖြင့် ထာဝရဘုရား၏ နှုတ်ကပတ်တော်သည် အဖြံထံသို့ရောက်သည် အချိန်တွင် ထိုဗျာဒိတ်တော် ပြည့်စုံဖို့ရန်အတွက်လိုအပ်သည့် သား မထွန်းကားသေး။ သို့သော် ဗျာဒိတ်တော်ရောက်လာသည့်အချိန်တွင် လူ့အနေဖြင့်မဖြစ်နိုင်သောအရာ၊ သဘာဝလွန်သည့် အရာများ အာဖြံနှင့်စာရာတို့၌ ဖြစ်လာခဲ့သည်။ အသက် ကိုးဆယ်ရှိပြီးသော စာရာ (ကမ္ဘာဦးကျမ်း ၁၇:၁၇)၊ မိန်းမတို့၌ ဥတုရောက်မြဲ ရှိသည့်အတိုင်း မရောက်သော (ကမ္ဘာဦးကျမ်း ၁၈:၁၁) စာရာသည် သားကျာဇက်ကိုမွေးဘွားလေ၏။

ဤအဖြစ်အပျက် အားဖြင့် ကျွန်ုပ်တို့၏အလိုအပ်ဆုံးသောအရာ သည်ပညာအရည်အချင်း၊ စည်းစိမ်းဥစ္စာများ မဟုတ်ဘဲ ဘုရားသခင်ထံမှ လာသည့် ဗျာဒိတ်တော် ဖြစ်ကြောင်းကို ထင်ရှားသည်။ ဘုရားသခင်ထံမှလာသော ဗျာဒိတ်တော်ရှုပါရုံရ

ရှိသောသူ၏အသက်တာတွင် ထိုဗျာဒိတ်တော်များ ပြည့်စုံဖို့ အလို့ငှါ လိုအပ်သောအရာများသည် သဘာဝလွန်စွာ ဖြစ်လာမည်။

သားမရှိသောအာဗြဟံအား ဘုရားသခင်ထံမှလာသော ဗျာဒိတ်တော်ရှုပါရုံအားဖြင့် လူမျိုးကြီး၏ဖခင် ဖြစ်စေသကဲ့သို့၊ သင်သည် ယခုလက်ရှိတွင် မည်သည့်အရာမျှ ပိုင်ဆိုင်ခြင်း မရှိသော်လည်း၊ သင်သည် ဘုရားသခင်ထံမှလာသော ဗျာဒိတ်တော်ရှုပါရုံရပြီး၊ အလိုတော်အကြံအစည်အတိုင်း လိုက်လျှောက်ပါက အာဗြဟံကို ကောင်းကြီးပေးသော ဘုရားသခင်မှ သင့်ဘဝတစ်ခုလုံးကို ပြောင်းလဲစေမည်ဖြစ်သည်။

အာနန်

ဗျာဒိတ်ရှုပါရုံ သည် မိမိအသက်တာအတွက်သာမဟုတ်ဘဲ သူတစ်ပါး အသက်တာများပြောင်းလဲစေရန် လိုအပ်သည်။ အထူးသဖြင့် သင်သည် အမှုတော်ဆောင်တစ်ယောက်၊ Sunday School ဆရာ/မ၊ မိသားစုကို ဦးစီးဦးဆောင်သောသူ၊ ခေါင်းဆောင်တစ်ယောက် ဖြစ်လျှင်၊

သင်ဦးဆောင်နေသောသူများအတွက် ဘုရားထံမှလာသော ဗျာဒိတ်ရှုပါရုံလိုအပ်သည်။

အာနနိသည် ဒမာသက်မြို့၌နေသော တပည့်တော် တယောက်ဖြစ်သည်။ သို့သော် ပေါလု၏အသက်တာ ပြောင်းလဲခြင်းသမိုင်းတွင် အလွန်အရေးပါသော ပုဂ္ဂိုလ်တစ်ဦးဖြစ်လာရခြင်းသည် ဗျာဒိတ်ရှုပါရုံ မြင်သောသူဖြစ်သောကြောင့်ဖြစ်သည်။ သင်၏အသက်တာတွင်လည်း သင်ဦးဆောင်နေသောသူများ၏အသက်တာပြောင်းလဲဖို့ရန် ဘုရားထံမှလာသော ဗျာဒိတ်ရှုပါရုံများ ရရှိသောသူများဖြစ်ရန် ဘုရားသခင်ကောင်းကြီးပေးပါစေ။

အာနနိအား ဘုရားသခင်သည် ဗျာဒိတ်ရှုပါရုံအားဖြင့် အဘယ်သို့သွားရမည်၊ ပေါလုအားအဘယ်သို့တွေ့ရမည်စသဖြင့်သော ညွှန်ကြားချက်များအား တစ်ဆင့်ပြီးတစ်ဆင့် ညွှန်ကြားခဲ့သည်။ ထိုနည်းတူစွာ၊ မိမိဦးဆောင်သည့်

အမွန်မြတ်ဆုံးသော ဘုရားသခင်၏ အမွေဥစ္စာ

လူများ၏အသက်တာပြောင်းလဲမည့်အကြောင်း အဘယ်သို့ပြုရမည်ကို ဗျာဒိတ်ရူပါရုံအားဖြင့် သိနိုင်သည်။

ဗျာဒိတ်ရူပါရုံအားဖြင့်ပေါလု၏အနာဂတ်နှင့် ပတ်သက်၍သိသော အာနနိ၏အသက်တာတွင် ပေါလုအားမြင်သည့်အမြင်များ ပြောင်းလဲခဲ့သည်။ ယေရှု၏တပည့်တော်များအား ခြိမ်းခြောက်သောသူ၊ အသေသတ်သောသူဟူ၍ မမြင်သည့်အပြင် ပေါလုသည်တပါး အမျိုးသားတို့နှင့် ရှင်ဘုရင်တို့ထံသို့ငင်း၊ ဣသရေလအမျိုးသား တို့ရှိရာသို့ငင်း၊ ဘုရားသခင်၏နာမကို ပို့ဆောင်စေခြင်းငှါ ဘုရားသခင်ရွေး ကောက်သောသူ (တမန်တော်ဝတ္ထု၊ ၉:၁၅)၊ ထာဝရဘုရားသခင်၏နာမကြောင့် ဆင်းရဲခံရမည့်သူ (တမန်တော်ဝတ္ထု၊ ၉:၁၆) ဟုမြင်ခဲ့သည်။ ထို့ကြောင့် "ရှောလု အပေါ်၌ မိမိလက်ကိုတင်၍၊ ညီရှောလု၊ သင်လာသောလမ်း၌ သင့်အား ထင်ရှားတော်မူသော သခင်ယေရှုသည် သင်၏မျက်စိမြင်ပြန်စေခြင်းငှါ ၎င်း၊ သင့်ကိုသန့်ရှင်းသော ဝိညာဉ်တော်နှင့် ပြည့်စေခြင်းငှါ၎င်း ငါကို စေခန့်တော်မူသည်ဟုပြောဆို၏။" (တမန်တော်ဝတ္ထု၊ ၉:၁၇)။

သင်သည် ဘုရားသခင်ထံမှလာသော ဗျာဒိတ်ရူပါရုံ ရှိသောသူဖြစ်လျှင် အာနနိကဲ့သို့ ဘုရားသခင်ကြီးမားစွာအသုံးပြုမည့်သူများအတွက် အရေးကြီးသောပုဂ္ဂိုလ်ဖြစ်ရုံသာမက၊ ထိုပုဂ္ဂိုလ်များအား ပရောဖက်ပြုပြီး ကောင်းကြီးပေးသောသူများဖြစ်မည်။

❖ ရူပါရုံ အဘယ်သို့ ရနိုင်မည်နည်း။

တောလည်ရာကျမ်း ၁၂:၆
ထာဝရဘုရားကလည်း၊ ငါ့စကားကို နားထောင် ကြလော့။ သင်တို့တွင် ပရောဖက်ရှိလျှင်၊ ငါထာဝရဘုရား သည် ထိုသူ၌ ထူးဆန်းသော ရူပါရုံအားဖြင့် ကိုယ်ကို ပြမည်။ သို့မဟုတ် အိပ်မက်အားဖြင့် ဗျာဒိတ်ပေးမည်။

၁) ပရောဖက်များမှ တစ်ဆင့် ကျွန်မတို့ သိနိုင်တယ်။

ထာဝရဘုရားသည် သူ၏ပရောဖက်များထံသို့ ထူးဆန်းသော ရူပါရုံအားဖြင့် ကိုယ်ကိုပြမည်

ဟုတောလည်ရာကျမ်းထဲတွင်မြင်ရသည်။ ထို့ကြောင့် မိမိအသက်တာသော်၎င်း၊ သားသမီးများနှင့် မိမိဦးဆောင်သော သူများ၏အသက်တာနှင့် ပတ်သက်၍ ဗျာဒိတ်ရှုပါရုံများအား ဘုရားသခင်၏ ပရောဖက်များမှတစ်ဆင့် သိနိုင်သည်။

အဖိုးခပေးပြီးပါဝင်ပါ။
ထို့ကြောင့် ပရောဖက်ပြုချက် အစီအစဉ်များတွင် ပါဝင်ဖို့ရန် လိုအပ်သည်။ မိမိ နေထိုင်သည့်ဒေသပတ်ဝန်းကျင်များတွင် ပရောဖက်ပြုချက် အစီအစဉ်များမရှိပါက အဖိုးခပေးပြီး ပါဝင်ရန်တိုက်တွန်းချင်ပါသည်။
မိမိအသက်တာအား ပြောင်းလဲစေနိုင်သော ဗျာဒိတ်ရှုပါရုံ ရဖို့ရန်အဖိုးအခပေးခြင်းသည် အလွန်ထိုက်တန်ပါသည်။

ကိုကိုယ်တိုင်ဦးဆောင်ပြီး ပရောဖက်ပြုချက် အစီအစဉ်များ အားဖြုလုပ်ပါ။

သင်နေထိုင်သည့် နေရာတွင် ပရောဖက်ပြုချက် အစီအစဉ်များ မရှိသေးပါက မိမိကိုယ်တိုင် ဦးဆောင်၍ အစပြုရန် တိုက်တွန်းလိုပါသည်။

မိမိ၌ ပရောဖက်ဆုကျေးဇူးမရသေးလျှင် ဆုတောင်းခြင်းအားဖြင့် ဘုရား အသုံးပြုသော ဆရာ/မ များအား ဖိတ်ကြားခြင်းအားဖြင့် မိမိရှိသောနေရာတွင် ပရောဖက်ပြုချက် အစီအစဉ်များအား မိမိကိုယ်တိုင်ဦးဆောင်ပြီး ဆက်ကပ်ပါ။

၂) မိမိကိုယ်တိုင် ပရောဖက်ဆုကျေးဇူးရ ခြင်းအားဖြင့်သိနိုင်တယ်။

တမန်တော်ဝတ္ထု ၂း၃၈

ပေတရုကလည်း၊ သင်တို့၏အပြစ်ကိုလွှတ်စေခြင်းငှါ နောင်တရ၍တယောက်မျှမကြွင်း၊ ယေရှုခရစ်၏ နာမ၌ ဗတ္တိဇံကိုခံကြလော့။ သို့ပြုလျှင် သန့်ရှင်းသောဝိညာဉ်တော်တည်းဟူသော ဆုကျေးဇူးတော်ကို ခံရကြ လိမ့်မည်။

သင်သည်ကယ်တင်ခြင်းရသောသူ၊ ယေရှုခရစ်၏ နာမ၌ ဗတ္တိဇံကိုခံသောသူ ဖြစ်လျှင်၊ သန့်ရှင်းသောဝိညာဉ်တော်တည်းဟူသော ဆုကျေးဇူးတော်ကို ရနိုင်သည်။ ကောရိန္ထုသြဝါဒစာပဌမစောင် ၁၂

ထဲတွင်မြင်တွေ့ရသော ဝိညာဉ်ဆုကျေးဇူးများထဲတွင် ပရောဖက်ပြုနိုင်သော အခွင့်သည်တစ်ခုအပါအဝင်ဖြစ်သည်။ "ဤအခွင့်ရှိသမျှတို့ကို တပါးတည်းသော ဝိညာဉ်တော်သည် ပြုပြင်၍ လူအသီးအသီးတို့အား အသီးအသီး ခံရသောအခွင့်ကို အလိုတော်ရှိသည်အတိုင်း ဝေငှ၍ ပေးတော်မူ၏"။ (ကောရိန္တု သြဝါဒစာပဌမစောင် ၁၂း၁၁) ။

ယောလအနာဂတ္တိကျမ်း ၂း၂၈
ထိုနောက်မှ လူမျိုးတကာတို့ အပေါ်သို့ ငါ၏ ဝိညာဉ်တော်ကို ငါသွန်းလောင်းမည်။ သင်တို့၏ သားသမီးတို့သည် ပရောဖက်ဉာဏ်နှင့် ဟောပြောရကြ လိမ့်မည်။ အသက်ကြီးသောသူတို့သည် နိမိတ်အိပ်မက် တို့ကို မြင်မက်ရကြလိမ့်မည်။ အသက်ငယ်သော သူတို့ သည်လည်း ဗျာဒိတ်ရူပါရုံတို့ကို မြင်ရကြလိမ့်မည်။

တမန်တော်ဝတ္ထု ၂း၁၇
ဟောဘူးအချက်ကား၊ နောင်ကာလ၌ လူမျိုးတကာတို့အပေါ်သို့ ငါ၏ဝိညာဉ်တော်ကိုငါသွန်းလောင်း မည်။ သင်တို့၏သားသမီးတို့သည် ပရောဖက်ဉာဏ်နှင့်

ဟောပြောရကြလိမ့်မည်။ အသက်ငယ်သောသူတို့သည် ဗျာဒိတ်ရူပါရုံတို့ကို မြင်ရကြလိမ့်မည်။ အသက်ကြီးသောသူတို့သည်လည်း နိမိတ်အိပ်မက်တို့ကိုမြင်မက်ရကြလိမ့်မည်။

ယောလအနာဂတ္တိကျမ်းနှင့် တမန်တော်ထဲမှာ ဝိညာဥ်တော် သွန်းလောင်းမည့်အကြောင်း အားတွေ့ရသကဲ့သို့၊ ကလေးလူကြီးမရွေး ပရောဖက်ဉာဏ်နှင့် ဟောပြောခြင်း၊ ဗျာဒိတ်ရူပါရုံတို့ကို မြင်ခြင်း၊ နိမိတ်အိပ်မက်တို့ကိုမြင်ရမည့်အကြောင်းဟောပြောခဲ့သည်။ ဝိညာဥ်တော်ဘုရားသည် ဤဆုကျေးဇူးများအား ဝေငှခြင်းသည်သိမ်းထား ရန်မဟုတ်ဘဲ၊ အသုံးပြုရန်ပေးထားခြင်းဖြစ်သည်။ ဥပမာ လူတစ်ယောက်အား လက်ဆောင်ပေးသည့်အချိန်တွင် ထိုလက်ဆောင်အား သိမ်းထားရန်မဟုတ်ဘဲ အသုံးပြုရန်ပေးလေ့ရှိသကဲ့သို့၊ မိမိအား သန့်ရှင်းသောဝိညာဥ်တော် ပေးသနားတော်မူသော ဆုကျေးဇူးများအား အသုံးပြုသောသူများ ဖြစ်နိုင်ကြပါစေ။

iii) မိဘများအပေါ်ဘုရား၏ ရှုပါရုံ

မိဘများဖြစ်သော သင့်၏အပေါ်တွင်ဘုရားသခင်ရှုပါရုံ ရှိသည်။ အထူးသဖြင့် သားသမီးများရှိသော မိဘများ၊ သင်၏သားသမီးများ ကောင်းစားနိုင်ရန် သင့်အတွက် ဘုရားသခင်ကြီးမားသောရှုပါရုံရှိသည်။

ဆာလံကျမ်း ၁၂၇:၃
ဘွားမြင်သော သားသမီးတို့သည်ထာဝရဘုရား ဆုချ၍ ပေးသနားတော်မူသော အမွေဥစ္စာဖြစ်ကြ၏။

ဤကျမ်းချက်အရ မိမိဘွားမြင်သော သားသမီးများသည် ထာဝရဘုရားဆုချပေးသော အမွေဥစ္စာများဖြစ်ကြသည်။ ထာဝရဘုရား သည် ဤကမ္ဘာပေါ်တွင်ရှိသော မိဘများအားလုံး သူအလွန် တန်ဖိုးထားသော သားသမီးများအား အမွေအဖြစ်ပေးသည်။ မိဘဖြစ်သော သင်၏အသက်တာတွင် သင်၏သားသမီးများအား ဘုရားသခင် မြင်သလို မြင်တတ်သောသူများဖြစ်ရန် ဘုရားသခင်အလိုရှိသည်။

မိဘတိုင်းသည် မိမိ သား/သမီးများနှင့်ပတ်သက်၍ အကောင်းဆုံးသောအရာများကို မျှော်လင့်တတ်ကြသည်။ ထို့ကြောင့်ပင် အချို့သောမိဘများသည် ကိုယ့်သား/သမီးများ ရှေ့ရေးဘဝ အဆင်ပြေစေရန်အတွက် မိမိအလွန်ချစ်မြတ်နိုးသော မွေးရပ်မြေကို ထားခဲ့ပြီး၊ နိုင်ငံခြားများသို့ အခက်အခဲပေါင်းများစွာကို ရင်ဆိုင်ကာ မိမိသား/သမီးများ အတွက် ရုန်းကန်ကြရသည်။ အထူးသဖြင့် တိုးတက်သောတိုင်းတစ်ပါးတွင် နေထိုင်သော မိဘများအတွက် မိမိ၏ ပညာအရည်အချင်းသည် ကိုယ့်သား/သမီးများ ကောင်းစားကြီးပွားခြင်းအတွက် မလုံလောက်ပါဟု ထင်တတ်ကြသောကြောင့် သား/သမီးများ၏ အနာဂတ်များနှင့် ပတ်သက်ပြီး ကြီးမားသော အိမ်မက်များကို မမက်ရဲကြ။ သို့သော်လည်း၊ သားသမီးများ၏ ကောင်းစားခြင်းကို နှုတ်ကပတ်တော်တွင် မည်ကဲ့သို့ ဖော်ပြထားသည်ကို ဆက်လက်၍လေ့လာသွားမည် ဖြစ်သည်။

မိမိသားသမီးများကောင်းစားနိုင်ရန် မိဘများ အဘယ်သို့ပြုရမည်နည်း။ မိမိသားသမီးများ ကောင်းစားနိုင်ရန် မိဘများအပေါ်တွင်ထားသော ဘုရားသခင်၏ ရှုပါရုံသည် မိမိတို့၏

သားသမီးများ မြေပေါ်တွင် အားကြီးခြင်း၊ မင်္ဂလာရှိခြင်း နှင့်စည်းစိမ်ဥစ္စာကြွယ်ဝ သောသူများဖြစ်လာရန် ပြုစုပြိုးထောင်ပေးနိုင်ခြင်းဖြစ်သည်။

ဆာလံကျမ်း၁၁၂း၁-၃
ထာဝရဘုရားကို ကြောက်ရွံ့၍၊ ပညတ်တော်တို့၌ အလွန်မွေ့လျော်သော သူသည်မင်္ဂလာရှိ၏။ ထိုသူ၏ သားမြေးတို့သည် မြေပေါ်မှာ အားကြီး ကြလိမ့်မည်။ ဖြောင့်မတ်သော သူတို့၏အမျိုးအနွယ် သည် မင်္ဂလာရှိတတ်၏။ ထိုသူ၏ အိမ်၌ စည်းစိမ်ဥစ္စာကြွယ်ဝ၍၊ သူ၏ ကောင်းကျိုးသည် အစဉ်အမြဲတည်တတ်၏။

ဤနှုတ်ကပတ်တော်တွင် မိမိတို့၏ သားမြေးများ မြေပေါ်တွင် ကောင်းစားခြင်း၊ အိမ်၌ စည်းစိမ်ဥစ္စာကြွယ်ဝခြင်း နှင့် မိမိ၏အမျိုးအနွယ် မင်္ဂလာရှိသောအမျိုးအနွယ်ဖြစ်စေရန် ပြုလုပ်ရမည့်အချက် သုံးချက်များကို ဖော်ပြထားသည်။ ထိုသုံးချက်များမှာ-

အမွန်မြတ်ဆုံးသော ဘုရားသခင်၏ အမွေဥစ္စာ

- ထာဝရဘုရားကို ကြောက်ရွံ့ခြင်း။
- ပညတ်တော်တို့ဥ် အလွန်မွေ့လျော်ခြင်း။
- ဖြောင့်မတ်စွာ အသက်ရှင်ခြင်း။

တို့ပင်ဖြစ်ကြသည်။ ဤအချက်သုံးချက်အတိုင်း လိုက်လျှောက် အသက်ရှင်သောသူများ အတွက် မိမိအပေါ်တွင် သာမက သားစဉ်မျိုးဆက် အပေါ် ကျမ်းစာထဲမှ ကတိတော်များဖြစ်သော ကောင်းကြီးမင်္ဂလာ များစွာကို ကိုယ်တွေ့မျက်မြင် ခံစားရမည်ဖြစ်သည်။

ဒါဝိဒ်သည်တရားတော်တွင် မွေ့လျော်ရုံသာမက ထာဝရဘုရားအား ကြောက်ရွံ့ပြီး၊ ဖြောင့်မတ်စွာ အသက်ရှင်သည့်အချိန်တွင် သူ၏သားစဉ်မြေးဆက် ရောဇောင်၊ အဘိယ၊ အာသ မှစ၍ သူ၏အမျိုးအနွယ်များအားလုံး ခမည်းတော်အရာဥ် နန်းထိုင်ခွင့်ရခဲ့ကြသည်။

❖ ထာဝရဘုရားကို ကြောက်ရွံ့ခြင်း

ထာဝရဘုရားကိုကြောက်ရွံ့ခြင်း ၏အဓိပ္ပာယ်သည်

- ဒုစရိုက်ကိုမုန်းခြင်း

> သုတ္တံကျမ်း ၈း၁၃
> ထာဝရဘုရားကို ကြောက်ရွံ့သောသဘောကား၊
> ဒုစရိုက်ကိုမုန်းသောသဘောတည်း။

ဤနှုတ်ကပတ်တော် အရ ထာဝရဘုရားကို ကြောက်ရွံ့ခြင်း သည် ဒုစရိုက်ကိုမုန်းခြင်း ဖြစ်သည်။ တစ်နည်းအားဖြင့် ဘုရားသခင်၏ နှုတ်ကပတ်တော်ကို နာခံပြီး၊ အလိုတော်အတိုင်း လိုက်လျှောက်သောသူ ဖြစ်သည်။ ဒုစရိုက် မည်သည်ကား ဘုရားသခင်မနှစ်သက်တဲ့အရာ၊ ဘုရားနဲ့မသက်ဆိုင်သော အရာများပင်ဖြစ်ကြသည်။ ဒုစရိုက်ကို မုန်းသောသဘောသည် ဘုရားမနှစ်သက်သော အရာတစ်စုံတစ်ခုကိုမှမပြုလုပ်ခြင်းဖြစ်ပြီး၊ ဘုရားမနှစ်သက်သော အရာများအား သိရှိနိုင်ရန် ကျမ်းစာဖတ်ရမည်။ ဘုရားသခင်နှင့်မိတ်သဟာရဖွဲ့ရမည်။

- **သန့်ရှင်းခြင်း**

ဆာလံကျမ်း ၁၉:၉
ထာဝရဘုရားကို ကြောက်ရွံ့ခြင်းသဘောသည် သန့်ရှင်းသည် ဖြစ်၍၊ ကာလအစဉ်အမြဲတည်၏။

သန့်ရှင်းခြင်းသည် ဒုစရိုက်ကို မုန်းခြင်း၏ရလာဒ်ဖြစ်သည်။

- **နှိမ့်ချခြင်း**

သုတ္တံကျမ်း ၂၂:၄
စိတ်နှိမ့်ချခြင်း၊ ထာဝရဘုရားကို ကြောက်ရွံ့ခြင်းကျေးဇူးကြောင့် စည်းစိမ်၊ ဂုဏ်အသရေ၊ အသက်ကို ရတတ်၏။

စိတ်နှလုံးနှိမ့်ချခြင်းသည် ထာဝရဘုရားကို ကြောက်ရွံ့ခြင်းဖြစ်သည် ဟုအဓိပ္ပာယ်ရသည်။ ဤလောကတွင်အသက်ရှင်သည့်အချိန်တွင် အလွန်အရေးကြီးသောအချက်များထဲတွင်တစ်ခုအပါအဝင်သည် နှိမ့်ချခြင်း ပင်ဖြစ်သည်။ နှိမ့်ချခြင်း လူ့အနေဖြင့်ခက်ခဲသောအရာဖြစ်သော်လည်းနှိမ့်ချခြင်းမရှိသော သူအား ဘုရားသခင်ချီးမြှောက်၍ မရပေ။

မိမိကိုယ်တိုင် သာမက မိမိသားသမီးများအား ဘုရားသခင်အထူးချီးမြောက်စေချင်လျှင် နှိမ့်ချတတ်အောင် အရင်သင်ပေးဖို့ရန် သင့်ဉာတာဝန်ရှိသည်။

စိတ်နှိမ့်ချခြင်းသည် ဘုရားသခင်ကို ကြောက်ရွံ့ခြင်း၊ ဘုရားသခင်၏ အလိုတော်ကို ဝန်ခံခြင်း၊ ဘုရားရဲ့နည်းလမ်းကို ရွေးချယ်ခြင်းဖြစ်သည်။ စိတ်နှိမ့်ချသောသူများ၏အသက်တာတွင် သူတို့၏အတတ်ပညာ၊ ထင်မြင်ချက်၊ အသိတရား၊ တတ်စွမ်းနိုင်ခြင်းအပေါ်တွင် မရပ်တည်ဘဲ ဘုရားစေခိုင်းသော အရာများသည် အဘယ်သို့ ခက်ခဲသည်ဖြစ်ပါစေ လုပ်ဆောင်သောသူများ ဖြစ်ကြသည်။ ထိုကဲ့သို့ စိတ်နှိမ့်ချသောသူများအတွက် စည်းစိမ်၊ ဂုဏ်အသရေ နှင့်အတူ ဘုရားသခင်၏ကျေးဇူးပြုတော်မူခြင်း ကို ခံရကြမည်။

ဒါဝိတ်သည် ထာဝရဘုရားကို ကြောက်ရွံ့တဲ့သူ ဖြစ်သည်။ တစ်နေ့ ရှောလု ဖိလိတ္တိလူတို့ကို လိုက်ရာမှ ပြန်လာသောအခါ ဒါဝိဒ်သည် အဂေဒိတောဌ ရှိသည်ဟု ကြားလျှောက်သည့်အခါ လူသုံးထောင်တို့ကို ခေါ် ပြီး ဒါဝိတ်ကို ရှာခြင်းငှါသွားကြ၏။

ဒါဝိတ်ကို လိုက်ရှာဖို့သွားနေသော ရှောလုမှာ ပင်ပန်းပြီး၊ ဥမင်တွင် အိပ်မောကျနေစဉ်၊ ဒါဝိတ်သည် ရှောလုထံသို့သွားပြီး ရှောလု ဝတ်လျက်ရှိသော အင်္ကျီအောက်ပိုင်းကို တိတ်ဆိတ်စွာ လှီးဖြတ်လေ၏။ ဒါဝိတ်၏ အသက်တာတွင် ရှောလုကို မုန်းစေနိုင်သည့် အကြောင်းအရင်း အများကြီးရှိခဲ့သော်လည်း၊ ယခု ရှောလုကိုယ်တိုင် သူ၏အရှေ့တွင်အိပ်မောကျနေစဉ် ရှောလုကို သူအဘယ်သို့မျှမပြုဘဲ အင်္ကျီအောက်ပိုင်းကိုသာ လှီးဖြတ်ခဲ့သည်။

ဓမ္မရာဇဝင်ပဉ္စမစောင် ၂၄:၅-၇
ထိုသို့ ရှောလု၏ အင်္ကျီကို လှီးဖြတ်မိသောကြောင့်၊ ဒါဝိဒ်သည် နောက်တဖန် နောင်တရ၍၊ ထာဝရဘုရားပေးတော်မူသော ဘိသိက်ကိုခံရသော ငါ့အရှင်သည်၊ ထာဝရဘုရားအခွင့်နှင့် ဘိသိက်ခံသူဖြစ်သောကြောင့်၊ ထိုအရှင်ကို ထိခိုက်ခြင်းငှါ ငါလက်ဆန့်သော အမှုကို ထာဝရဘုရား ဆီးတားတော်မူပါစေသောဟု မိမိလူတို့အားဆိုသဖြင့်၊ ရှောလုကို ထိခိုက်စေခြင်းငှါ အခွင့်မပေး မြစ်တားလေ၏။ ရှောလုသည်လည်း ထ၍ ဥမင်ထဲက ထွက်သွားလေ၏။

ထာဝရဘုရားပေးတော်မူသော ဘိသိက်ကိုခံရသော ရှောလု၊ ထာဝရဘုရားအခွင့်နှင့် ဘိသိက်ခံသူရှောလု၏ အကျီုအောက်ပိုင်းကို လှီးဖြတ်သောကြောင့် ဒါဝိဒ်သည် နောတရခဲ့သည်။

ထာဝရဘုရားကိုကြောက်ရွံ့ခြင်းသည် ဒုစရိုက်ကိုမုန်းခြင်း၊ သန့်ရှင်းခြင်း၊ နှိမ့်ချခြင်းတို့ပင်ဖြစ်ကြသည်။ သို့သော်လည်း ထာဝရဘုရားကို ကြောက်ရွံ့သောသဘောကို ပေးနိုင်သောသူမှာ သန့်ရှင်းသောဝိညာဉ်တော်ဘုရားဖြစ်သည်။

ဟေရှာယအနာဂတ္တိကျမ်း၁၁:၂
ထာဝရဘုရား၏ ဝိညာဉ်တော်တည်းဟူသော ဉာဏ်ပညာကို ပေးသောဝိညာဉ်၊ ကြံစည်တတ် စွမ်းနိုင် သော သတ္တိကိုပေးသောဝိညာဉ်၊ ထာဝရဘုရားကိုသိ၍ ကြောက်ရွံ့သောသဘောကို ပေးသောဝိညာဉ်တော်သည် ထိုသူအပေါ်မှာ ကျိန်းဝပ်တော်မူလိမ့်မည်။

ထို့ကြောင့်၊ မိမိသားသမီးများ မြေပေါ်တွင် အားကြီးသောသူများဖြစ်ပြီး၊ မင်္ဂလာရှိခြင်း နှင့်စည်းစိမ်ဥစ္စာကြွယ်ဝ သောသူများဖြစ်လာရန် လိုအပ်သော ထာဝရဘုရားကို

ကြောက်ရွံ့သောသဘောရှိသော မိဘများဖြစ်နိုင်ရန်
အယောက်စီတိုင်း ဘုရားသခင်ကောင်းကြီးပေးပါစေ။

❖ ပညတ်တော်တို့၌ အလွန်မွေ့လျော်ခြင်း

ဆာလံကျမ်း ၁၁၉း၄၇
အကျွန်ုပ်သည် နှစ်သက်သော ပညတ်တော်တို့၌မွေ့လျော်ပါမည်။

ပညတ်တော်တို့၌ မွေ့လျော်သောသူများသည် ပညတ်တော်တို့ကို နှစ်သက်သောသူများပင်ဖြစ်ကြသည်။ ပညတ်တော်တို့ကို ဖတ်ရှုလေ့လာရုံသာမက၊ သန့်ရှင်းသောဝိညာဉ်တော်၏ဖွင့်ပြခြင်း၊ ဘုရားအသုံးပြုသော ဆရာ/မများ၏ တရားဟောချက်များကို နားထောင်ခြင်း အားဖြင့် ပညတ်တော်တို့ကို သိသောသူများဖြစ်ဖို့ရန်သာမက နှစ်သက်သောသူများဖြစ်ရန် အလွန် အရေးကြီးသည်။

ဆာလံကျမ်း ၁း၂
ထာဝရဘုရား၏ တရားတော်၌ မွေ့လျော်၍၊ တရားတော်ကို နေ့ညဉ့်မပြတ် ဆင်ခြင်အောက်မေ့သောသူသည် မင်္ဂလာရှိ၏။

ထိုပညတ်တော်/တရားတော်၌ မွေ့လျော်သောသူသည် တရားတော်ကို နေ့ညဉ့်မပြတ် ဆင်ခြင်အောက်မေ့သောသူများ ဖြစ်ကြသည်။ ဤကဲ့သို့ တရားတော်ကို နေ့ညဉ့်မပြတ် ဆင်ခြင်အောက်မေ့သောသူများ၏ အသက်တာတွင် စာတန်၏ လိမ်လည်ခြင်း၊ လှည့်စားခြင်း တို့ကို အစဉ်အမြဲ အောင်မြင်သောသူများဖြစ်ကြသည်။ အဘယ်ကြောင့်ဆိုသော်၊ သူသည် ကောင်းသောအရာ၊ တန်ခိုးပါသောအရာများကိုသာ သူ့၌ပြည့်စေသောကြောင့်ဖြစ်သည်။ ဥပမာ၊ ပညတ်တော်ဖြစ်သော "မိဘကိုရိုသေစွာပြုလော့။ ဤပညတ်တော်ကား၊ သင်သည် ပြည်တော်၌ ကောင်းစား၍ အသက်တာရှည်မည့်အကြောင်းဟူ၍ ဂတိတော်နှင့်ဆိုင်သော ပဌမပညတ်ဖြစ်၏။" (ဖေက်သြဝါဒစာ ၆း၃) ဟူသော ပညတ်တော်ကို သင်သည် နေ့ညဉ့်မပြတ် ဆင်ခြင်အောက်မေ့လျှင်၊ သင်၏မိဘကို ရိုသေသောသူဖြစ်ရုံသာမက၊ စာတန်၏လိမ်လည်လှည့်စားခြင်း

"သင်၏မိဘသည် သင့်မပေါ်၌ မကောင်းခဲ့သောကြောင့် ရှိသေရန်မထိုက်တန်" စသဖြင့် သင့်အားလိမ်ရန် ကြိုးစားသည့်အချိန်တိုင်းတွင် သင်အောင်နိုင်လိမ့်မည်။

မိမိလက်ရှိအခြေအနေ၊ ပတ်ဝန်းကျင်၏ တုန့်ပြန်မှု၊ မိမိသားသမီးများ၏ လက်ရှိအခြေအနေများ၊ သူတစ်ပါးမှ သင့်မကောင်းကြောင်းကို ပြောသည့်အရာများကို သင်တွေးတောပြီး ဝမ်းနည်းနေသော သူမဟုတ်ဘဲ၊ ဘုရားသခင်၏ ပညတ်တော်တို့၌ နေ့ညဉ့်မပြတ် ဆင်ခြင်အောက်မေ့သောသူ၊ တရားတော်၌ မွေ့လျော်သောသူများဖြစ်ခြင်း အားဖြင့် မိမိသားသမီးများ မြေပေါ်တွင် အားကြီးသောသူများဖြစ်ပြီး၊ မင်္ဂလာရှိခြင်း နှင့်စည်းစိမ်ဥစ္စာကြွယ်ဝ သောသူများဖြစ်စေသော မိဘများဖြစ်နိုင်ရန် အယောက်ဆီတိုင်း ဘုရားသခင်ကောင်းကြီးပေးပါစေ။

❖ ဖြောင့်မတ်စွာအသက်ရှင်ခြင်း

ကောရိန္ထုသြဝါဒစာဒုတိယစောင် ၅း၂၁ အဘယ်ကြောင့်နည်းဟူမူကား၊ ဘုရားသခင် သည်အပြစ်နှင့် ကင်းစင်သောသူကို ငါတို့အတွက်ကြောင့် အပြစ်ရှိသောသူဖြစ်စေတော်မူ၏။ အကြောင်းမူကား၊ ငါတို့သည်ထိုသူအားဖြင့် ဘုရားသခင်ရှေ့တော်၌ ဖြောင့်မတ်သောသူဖြစ်မည်အကြောင်းတည်း။

အပြစ်ရှိသော သင်နှင့် ကျွန်မသည် ယေရှုခရစ်အားဖြင့် ဖြောင့်မတ်သောသူများ ဖြစ်ကြသည်။ ထိုဖြောင့်မတ်ခြင်းသည် ထိုက်တန်ခြင်းကြောင့်မဟုတ်ဘဲ ဘုရားသခင်၏ကျေးဇူးတော် သက်သက်အားဖြင့် ရသော ကျေးဇူးတော်ဖြစ်သည်။ ထို့မျှမက ဤလောကတွင် အသက်ရှင်သည့်အချိန်တွင်လည်း ဖြောင့်မတ်သောသူများ/ ဖြောင့်မတ်သောမိဘများ ဖြစ်ရန် ဘုရားသခင်အလိုတော်ရှိသည်။

သုတ္တံကျမ်း၁၀ ထဲတွင် ဖော်ပြထားသော ဖြောင့်မတ်သောသူရဲ့ စရိုက်လက္ခဏာများမှာ

၁၁ ဖြောင့်မတ်သောသူ၏ **နှုတ်**သည် အသက်ရေတွင်း ဖြစ်၏။

၂၀ ဖြောင့်မတ်သောသူ၏ **လျှာ**သည် ငွေစင်နှင့် တူ၏။

၂၁ ဖြောင့်မတ်သော သူ၏ **နှုတ်ခမ်း**တို့သည် လူအများကို ကျွေးတတ်၏။

၃၁ ဖြောင့်မတ်သောသူ၏ **နှုတ်**မှပညာစကား ထွက် တတ်၏။

၃၂ ဖြောင့်မတ်သောသူ၏ **နှုတ်ခမ်း**တို့သည် နှစ်သက်ဘွယ်သော အရာကို သိကျွမ်းတတ်၏။

ဤကျမ်းချက်များအရ ဖြောင့်မတ်သောသူသည် မိမိနှုတ်ကို ထိန်းချုပ်နိုင်သောသူဖြစ်သည်။ သူ၏ နှုတ်မှ ပညာစကားထွက်ရုံသာမက၊ သူ၏နှုတ်ခမ်းသည် နှစ်သက်ဘွယ်သောအရာကို သိကျွမ်းပြီး၊သူ၏နှုတ်ခမ်းသည် လူအများကို ကျွေးတတ်သည်။

ထို့နောက် သုတ္တံကျမ်း ၁၀ ထဲတွင်

၁၆ ဖြောင့်မတ်သောသူ၏ **အလုပ်အကိုင်**သည် အသက်နှင့်ယှဉ်း၊ မတရားသောသူ၏ အကျိုးစီးပွါးသည် အပြစ်နှင့်ယှဉ်း ယှဉ်၏။

၂၈ ဖြောင့်မတ်သောသူ၏ **မျှော်လင့်ခြင်း**သည် ဝမ်းမြောက်စရာအကြောင်းဖြစ်၏။

ဖြောင့်မတ်သောသူ၏အလုပ်အကိုင်ကို အသက်နှင့်တင်စား၍ နှိုင်းယှဉ်ထားသည်။ တစ်နည်းအားဖြင့် မတရားသော စီးပွားကို မရှာ၊ ဂုဏ်အသရေရှိသော အလုပ်ကို လုပ်သောသူဖြစ်ခြင်းကို ဆိုလိုခြင်းဖြစ်သည်။ ထို့နောက် သူတို့၏မျှော်လင့်ခြင်းသည် ဝမ်းမြောက်စရာ အကြောင်းဖြစ်သည်။

ဘုရားသခင်သည် လူတိုင်းကို ကောင်းကြီးပေးချင်သော ဘုရားဖြစ်သည်။ ထို့ကြောင့် သားမြေးများ မြေပေါ်တွင် အားကြီးခြင်း၊ အိမ်၌ စည်းစိမ်ဥစ္စာကြွယ်ဝခြင်း နှင့် မိမိ၏အမျိုးအနွယ်အား မင်္ဂလာရှိသောအမျိုးအနွယ်ဖြစ်လာစေရန် မိဘများအားလုံးအတွက် ကျမ်းစာထဲတွင် ဖော်ပြထားရှိသာမက၊ ဤစာအုပ်အားဖြင့် မိဘဖြစ်သောသင့်ကိုပင်၊ မိဘဖြစ်လာမည့်သင့်အား စကားပြောနေခြင်းဖြစ်သည်။ ထို့ကြောင့် ဘုရားသခင်ထံမှလာသော သန့်ရှင်းသောဝိညာဉ်တော်ကို ဆောင်တည်ပြီး၊ ထိုသန့်ရှင်းသောဝိညာဉ်တော်အားဖြင့် ထာဝရဘုရားကို ကြောက်ရွံ့သော သဘောရှိသောသူ၊ တရားတော်၌

အမှန်မြတ်ဆုံးသော ဘုရားသခင်၏ အမွေဥစ္စာ

မွေ့လျော်သောသူ၊ ဖြောင့်မတ်စွာအသက်ရှင်သောသူများ ဖြစ်ဖို့ရန် အတွက် ဘုရားသခင် အယောက်ဆီတိုင်းအပေါ် ကောင်းကြီးပေးပါစေ။

အမွန်မြတ်ဆုံးသော ဘုရားသခင်၏ အမွေဥစ္စာ

အပိုင်း ၂ -
ကလေးများ၏လိုအပ်ချက်များ

ဤလောကတွင် ကလေးများနှင့် ပတ်သက်၍မြောက်များစွာသော သီအိုရီရှင်များ ရှိပါသည်။ ထိုသီအိုရီရှင်များ ရေးသားထားသော သီအိုရီ နည်းလမ်းများစွာတို့သည် အလွန်ထိရောက်မှုရှိပြီး၊ ထိုသီအိုရီရှင်များ၏ နည်းလမ်း စနစ်ကို ကျောင်း၊ ကလေးထိန်းစင်တာ များစွာတွင် လက်တွေ့ကျင့်သုံးရာတွင် ထိရောက်အောင်မြင်မှုများစွာ ရှိသည်။

ဤစာအုပ်တွင်ရေးသားထားသော အချက်များသည်ကား၊ ကလေးများ၏လိုအပ်ချက်များကို ကျမ်းစာတွင်မြင်တွေ့ရသည့် အချက်များကို တင်ပြထားခြင်းဖြစ်သည်။

လူများတီထွင်ထားသော သီအိုရီ နည်းစနစ်များသည် ဤမျှလောက်ပင် ထိရောက်မှုရှိလျှင် အရာခပ်သိမ်းတို့အား ဖန်ဆင်းအုပ်စိုးသော ဘုရားသခင် ဖွင့်ပြထားသည်

အမွန်မြတ်ဆုံးသော ဘုရားသခင်၏ အမွေဥစ္စာ

နှုတ်ကပတ်တော်သည် အဘယ်လောက်မျှလောက် သာ၍ ထိရောက်မှုရှိမည်နည်း။

i) ထာဝရအသက်

မြောက်များစွာသောသူများ၏ အသက်တာတွင် မိမိအသက်ကိုမိမိမပိုင်ကြောင်း၊ အလွန်တိုတောင်းသော အသက်တာကို သတိမထားသည့် အတွက် ကယ်တင်ခြင်းစိတ်ချမှု ရှိခြင်းကို အလေးမထားတတ်ကြပါ။
ကောရိန္ထုသြဝါဒစာဒုတိယစောင် အခန်းကြီး ၅, အငယ် ၁ တွင် တွေ့ရသည့် အတိုင်း "*ကျွန်ုပ်တို့၏ ကိုယ်ခန္ဓာသည် ဤကမ္ဘာပေါ်တွင် ကျွန်ုပ်တို့နေထိုင်သော ယာယီတဲနှင့် တူ၏။*" "ထို့ကြောင့် ယာယီတဲဖြစ်သော ကိုယ်ခန္ဓာအတွက် သာမဟုတ်ဘဲ ထာဝရတည်မည့် ထာဝရအသက်/ကယ်တင်ခြင်းသို့ရောက်ရန် သာ၍အရေးကြီးသည်။

တိမောသေသြဝါဒစာပဌမစောင် ၂:၄
လူအပေါင်းတို့သည် ကယ်တင်ခြင်းသို့ရောက်၍ သမ္မာတရားကို
သိစေခြင်းငှါ၊ ဘုရားသခင်အလိုတော် ရှိ၏။

❖ ထာဝရအပြစ်ဒဏ်ခံရာ (သို့) ထာဝရအသက်ရှင်ရာ

ရှင်မဿဲခရစ်ဝင် ၂၅း၄၆

ထိုသူတို့သည် ထာဝရအပြစ်ဒဏ်ခံရာသို့၎င်း၊ ဖြောင့်မတ်သောသူတို့မူကား၊ ထာဝရအသက်ရှင်ရာ သို့၎င်း သွားရကြလတံ့ဟု မိန့်တော်မူ၏။။

နှုတ်ကပတ်တော်ထဲတွင် ဖတ်ရှုသည့်အတိုင်း ယာယီတဲဖြစ်သော ကိုယ်ခန္ဓာကို ထားခဲ့ပြီးသောအချိန်တွင် သွားရမည့်နေရာ နှစ်ခုရှိသည်။ ထိုနေရာများမှာ ထာဝရအပြစ်ဒဏ်ခံရာ နှင့် ထာဝရအသက်ရှင်ရာ သန့်ရှင်းသော ဗိမာန်တော် တို့ပင်ဖြစ်ကြသည်။ ထိုနေရာ နှစ်နေရာအား ရွေးချယ်ခိုင်းသည်တွင် လူတိုင်း ထာဝရအသက်ရှင်ရာ သို့သွားချင်ကြ သော်လည်း ထာဝရအသက်ရှင်ရာသည် ဖြောင့်မတ်သောသူများ၏အဖို့သာ ဖြစ်သည်။

ရောမဩဝါဒစာ ၃း၁၀

ကျမ်းစာလာသည်ကား၊ ဖြောင့်မတ်သောသူမရှိ၊ တယောက်မျှမရှိ။

တစ်နည်းအားဖြင့် သင်နှင့်ကျွန်မသည် အပြစ်သားများ ဖြစ်ကြသည်။ "ကျွန်မတို့ အပြစ်လုပ်ခြင်းကြောင့်အပြစ်သားဖြစ်သည် မဟုတ် အပြစ်သားဖြစ်သောကြောင့် အပြစ်လုပ်ကြသည်" ဟူသော အပြောလေးကို ကြားဖူးကြမည်။ လူတိုင်း နှုတ်ကပတ်တော်ထဲတွင် ရေးထားသော ပညတ်တရားများ အားလုံးကိုလိုက်လျှောက်နိုင်သောသူ မရှိပါ။ မိမိ အရမ်းကောင်းသည်/ အပြစ်မလုပ်ဖူးပါဟု ထင်တတ်ကြသော်လည်း အပြစ်ရှိသောသူအဖြစ် ကျမ်းစာမှ မှတ်တမ်းတင်ထားသည်။

ရှင်ယောဟန်သြဝါဒစာပဌမစောင် ၁း၈
ကိုယ်အပြစ်မရှိဟု ငါတို့သည်ဆိုလျှင်၊
ကိုယ်ကိုကိုယ်လှည့်ဖြားကြ၏။ ငါတို့၌သစ္စာတရားမရှိ။

ရောမသြဝါဒစာ ၅း၁၂-၁၃
ဤအကြောင်းအရာဟူမူကား၊ အပြစ်တရားသည် တယောက်သောသူအားဖြင့် ဤလောကသို့ဝင်၍၊ အပြစ်တရားအားဖြင့် သေခြင်း တရားဝင်သည်နှင့်အညီ၊

လူအပေါင်းတို့သည် အပြစ်ရှိသောကြောင့် သေခြင်းသို့ ရောက်ရကြ၏။
ပညတ်တရားကို မထားမီတိုင်အောင် ဤလောကဝ်၌ အပြစ်ရှိ၏။ အဘယ်ပညတ်တရားကိုမျှ မရှိလျှင်၊ အပြစ်ရှိသည်ဟု မှတ်စရာမရှိ။

❖ သခင်ယေရှုခရစ်အားဖြင့်

ရောမသြဝါဒစာ ၆း၂၃
အပြစ်တရား၏ အခကားသေခြင်းပေတည်း။ ဘုရားသခင်ပေးတော်မူသော ဆုကျေးဇူးတော်ကား၊ ငါတို့ သခင်ယေရှုခရစ်အားဖြင့် ထာဝရ အသက်ပေတည်း။

အပြစ်ရဲ့အခသည် သေခြင်းဖြစ်သော်လည်း၊ ဘုရားသခင် သည် လောကီသားတို့ကို အလွန်ချစ်သောကြောင့် တစ်ပါးတည်းသောသားတော်ကို ပေးပြီး၊ ယေရှုခရစ်တော်က ဤလောကတွင် ရှိသော လူသားများအားလုံးအပြစ်၏အခ သေခြင်းကို သူကိုယ်တိုင် ဆပ်ပေးခဲ့သည်။

ရှင်ပေတရုသြဝါဒစာပဌမစောင်။

ငါတို့သည်အပြစ်နှင့်ဆိုင်သောအရာ၌ အသေဖြစ်၍၊
ဖြောင့်မတ်ခြင်းအရာ၌ အသက်ရှင်စေမည် အကြောင်း၊
ငါတို့အပြစ်များကို ကိုယ်တော်တိုင် သစ်တိုင်မှာခံတော်မူပြီး
ဒဏ်ချက်တော်များအားဖြင့် သင်တို့သည် အနာပျောက်လျက်ရှိကြ၏။။

ရောမသြဝါဒစာ ၁၀:၉

အဘယ်သို့နည်းဟူမူကား၊ သင်သည် သခင် ယေရှုကိုနှုတ်ဖြင့် ဝန်ခံ၍၊
ဘုရားသခင်သည် သူ့ကို သေခြင်းမှ ထမြောက်စေတော်မူပြီဟု
စိတ်နှလုံးထဲ၌ ယုံကြည်လျှင်၊ ကယ်တင်ခြင်းသို့ရောက်လိမ့်မည်။။

ကောလောသဲသြဝါဒစာ ၁:၁၄

ထိုသားတော်၏ အသွေးအားဖြင့်
အပြစ်လွှတ်တော်မူခြင်းတည်းဟူသော ရွေးနှုတ်တော်မူခြင်း ကျေးဇူး
ကို ငါတို့သည် ခံရကြ၏။။

ဤကျမ်းချက်များတွင် တွေ့ရသည့်အတိုင်း ယေရှုခရစ်တော်သည်
သင်နှင့်ကျွန်မတို့ အပြစ်၏အခကို ဆပ်ပေးသွားပြီဟု
နှုတ်ဖြင့်ဝန်ခံပြီး၊ သုံးရက်မြောက်သောနေ့တွင် ဘုရားသခင်သည်
ထမြောက်စေတော်မူပြီဟု စိတ်နှလုံးထဲ၌ ယုံကြည်လျှင်၊

ကယ်တင်ခြင်းသို့ ရောက်မည်။ ယေရှုခရစ်တော်၏ အသွေး အားဖြင့် အပြစ်လွှတ်ခြင်း ကျေးဇူးကို သင်နှင့်ကျွန်မ ခံစားရသည်။

❖ စိတ်နှလုံးအကြံအစည် (သို့) နှုတ်ကပတ်တော်

အကယ်၍ သင်သည် ထိုကယ်တင်ခြင်းသတင်းကောင်းကို ဖတ်ရသော်လည်း၊ ယုံကြည်ရန် သို့မဟုတ် မိမိ၏အပြစ်များ အလွန်ကြီးမားသည်ဟု သင်ထင်သောကြောင့်၊ မိမိသည် ဖြောင့်မတ်သောသူ မဖြစ်ပါဟူသော အတွေးများရှိခဲ့လျှင်၊ ထိုစိတ်နှလုံးအကြံအစည်သည် ဆိုးညစ်သည်ကို သိစေလိုသည်။

ကမ္ဘာဦးကျမ်း ၆း၅
မြေကြီးပေါ်မှာ လူအပြစ်ကြီး၍၊ သူ၏ စိတ်နှလုံးအကြံအစည်ရှိသမျှတို့သည် အစဉ်မပြတ် ဆိုးညစ် ခြင်းသက်သက်ရှိကြောင်းကို၊ ဘုရားသခင် သိမြင်တော်မူလျှင်၊

မိမိသည် ဖြောင့်မတ်သောသူဖြစ်သည်ကို စိတ်နှလုံးထဲတွင်
ယုံကြည်ရန် မဖြစ်နိုင်ဟု ခံစားနေရသော်လည်း၊ ကျမ်းစာထဲတွင်

ရှင်ယောဟန်ခရစ်ဝင် ၃း၁၈

သားတော်ကိုယုံကြည်သောသူသည် အပြစ်စီရင်ခြင်းကို မခံရ။
မယုံကြည်သောသူမူကား၊ ဘုရားသခင်၏
တပါးတည်းသောသားတော်ကို မယုံကြည်သောကြောင့်
ယခုပင်အပြစ်စီရင်ခြင်းကိုခံရ၏။

ရှင်ယောဟန်ဩဝါဒစာပဌမစောင် ၅း၁၁-၁၃

သက်သေခံတော်မူချက်ဟူမူကား၊ ဘုရားသခင်သည် ငါတို့အား
ထာဝရအသက်ကိုပေးတော်မူ၍၊ ထိုအသက်သည်လည်း
သားတော်၌ပါ၏။
သားတော်ကိုရသောသူသည် အသက်ကိုရ၏။
ဘုရားသခင်၏သားတော်ကို မရသောသူမူကား အသက်ကိုမရ။
ဘုရားသခင်၏သားတော်ကို ယုံကြည်သောသင်တို့သည်
ထာဝရအသက်ကိုကိုယ်တိုင်ရသည်ဟု သိစေခြင်းငှါ၊
ဤအရာများကို သင်တို့အား ငါရေး၍ပေးလိုက်၏။

ကျမ်းစာတွင် ဖော်ပြထားသည့်အတိုင်း၊ "သားတော်ကို ယုံကြည်သောသူသည် အပြစ်စီရင်ခြင်းကို မခံရ။ ဘုရားသခင်၏သားတော်ကို ယုံကြည်သောသင်တို့သည် ထာဝရအသက်ကိုကိုယ်တိုင်ရသည် "။ သင်ဒီနေ့ အစဉ်မပြတ် ဆိုးညစ် တဲ့သင့်စိတ်နှလုံးအကြံအစည် ထဲမှပြောသောအရာကို ယုံမည်လော။ နှုတ်ကပတ်တော်ကိုယုံမည်လော။

အကယ်၍ သင်သည်ဤစာအုပ်ကို ဖတ်ခြင်းအားဖြင့်၊ သင့်၏ မှားယွင်းသော စိတ်နှလုံးအကြံအစည်ထဲမှ ထွက်သည့် အရာများ မဟုတ်ဘဲ ကျမ်းစာထဲတွင် ရေးသားထားသော သမ္မာတရားကို ယုံကြည်ရန်ရွေးချယ်ခြင်းဖြင့် ယေရှုခရစ်တော်ကို မိမိကယ်တင်ပိုင်ရှင် အဖြစ်ယုံကြည်လက်ခံလျှင်၊ ဝိညာဉ်ရေးရာတွင် သာ၍ရင့်ကျက်လာရန်နှင့် ဘုရားသခင်ဖွင့်ပြသည့် ယုံကြည်သူအသင်းတော်တစ်ခုတွင် ပါဝင်ရန် တိုက်တွန်းပါရစေ။ အကယ်၍ သင်နေထိုင်သော နေရာတွင် အသင်းတော်မရှိခဲ့လျှင် ဤစာအုပ်၏နောက်ကျောမျက်နှာတွင် ဖော်ပြထားသော QR Code ကို အသုံးပြုခြင်းအားဖြင့် ဘုရားကျောင်းတက်မည့်နေရာမရှိကြောင်းကို အသိပေးနိုင်ပါသည်။

သို့မှသာ သင့်နေရာနှင့် အဆင်ပြေသော ဘုရားကျောင်း ဝတ်ပြုမည့်နေရာ တစ်ခုခုကို စာရေးသူမှ ချိတ်ဆက်ပေးနိုင်မည် ဖြစ်သည်။

သင်၍ စာအုပ်ကိုဖတ်ပြီး ကယ်တင်ခြင်းစိတ်ချမှု ရဖို့ လိုအပ်ကြောင်း နားလည်သဘောပေါက်သည့်တိုင်၊ ကယ်တင်ခြင်းစိတ်ချမှု မရှိသေးသောသူများအတွက် ဆုတောင်းဖို့ရန် ခွန်အားပေးချင်တယ်။ သင့်အတွက်သော်၎င်း၊ သင့် သား/သမီး၊ သင့်မိသားစု၊ သင့်သူငယ်ချင်းများ ကယ်တင်ခြင်းရဖို့ရန် အတွက် ဆုတောင်းပေးသောသူ၊ ကိုယ်ကိုတိုင် နှုတ်ကပတ်တော်ကို ဝေငှသောသူ၊ မျိုးစေ့ကြဲသောသူများဖြစ်ဖို့ရန် ဘုရားသခင် ကောင်းကြီးပေးပါစေ။

အမွန်မြတ်ဆုံးသော ဘုရားသခင်၏ အမွေဥစ္စာ

ii) ချစ်ခြင်းမေတ္တာ

ကောရိန္ထုဩဝါဒစာပဌမစောင် ၁၃:၄-၈

မေတ္တာသည် စိတ်ရှည်တတ်၏။ ကျေးဇူးပြုတတ်၏။ မေတ္တာသည် ဂုဏ်ပြိုင်ခြင်းမရှိ၊ ဝါကြွားခြင်းမရှိ၊ မာန်မာနမရှိ။ မလျောက်ပတ်စွာမကျင့်တတ်၊ ကိုယ်အကျိုးကို မရှာတတ်၊ ဒေါသအမျက်မထွက်တတ်၊ အပြစ်ရှိသည်ဟု မထင်တတ်၊ မတရားသော အမှု၌ ဝမ်းမြောက်ခြင်းမရှိတတ်၊ သမ္မာတရား၌ ဝမ်းမြောက်တတ်၏။ ခပ်သိမ်းသောအရာကို ဖုံးအုပ်တတ်၏။ ခပ်သိမ်းသောအရာကို ယုံတတ်၏။ ခပ်သိမ်းသောအရာကို မြော်လင့်တတ်၏။ ခပ်သိမ်းသောအရာကို သည်းခံတတ်၏။ မေတ္တာသည် ဖောက်ပြန်ခြင်းသဘောနှင့် အစဉ်ကင်းလွတ်၏။

❖ သင့်သား/သမီးက သင့် ချစ်ခြင်းမေတ္တာကိုခံစားရလား?

ချစ်ခြင်းမေတ္တာ ကိုလူတိုင်းလိုအပ်ကြသည်။ အထူးသဖြင့် ဘုရားသခင် အမွေအဖြစ်ပေးသော သား/သမီးများ၏ ခန္ဓာ၊စိတ်၊ဝိညာဉ် ဖွံ့ဖြိုးတိုးတက်ရန်အတွက် မိဘများ၏ ချစ်ခြင်းမေတ္တာ၊ သား/သမီးများအပေါ် ပြသခြင်းသည် လွန်စွာမှ လိုအပ်သည်။

သက်သေခံချက်။ ။ ကျွန်မ ပညာရေးဘွဲ့ကို သင်ယူခဲ့သည့်အချိန်တွင် တက္ကသိုလ်မှရွေးချယ်ပေးသော ကျောင်းများတွင် လက်တွေ့ဆင်းပြီး စာသင်ပေးခဲ့ရသည်။ ထိုကျောင်းများတွင် သင်ပေးသည့် အတွေ့အကြုံ မြောက်များစွာထဲတွင် သင်ယူမိသောအရာတစ်ခုမှာ မိဘ/အုပ်ထိန်းသူ၏ ချစ်ခြင်းမေတ္တာ ကို အပြည့်အဝ ခံစားရသော ကလေးတစ်ယောက်သည်၊ ချစ်ခြင်းမေတ္တာ မခံစားရသော ကလေးများထက် သာ၍မြင့်မားသော ပညာရေး၊စွမ်းဆောင်ရည် ပို၍သာကြသည်။ ဤတွေ့ရှိချက်ကို ကလေးအကြောင်း

အမွန်မြတ်ဆုံးသော ဘုရားသခင်၏ အမွေဥစ္စာ

သိက္ခမ်းနားလည်ပြီး၊ ရေးသားပြုစုချက်များတွင်လည်း လေ့လာတွေ့ရှိနိုင်သည်။

သား/သမီးများသည် ချစ်ခြင်းမေတ္တာကို လိုအပ်သည်ဟု ပြောရာတွင် မိဘ အများစုက "ကျွန်ုပ်သည် သား/သမီးများကို အလွန်ချစ်သော မိဘဖြစ်သည်" ဟုပြောတတ်ကြသည်။ သို့သော်လည်း သားသမီးများအား ချစ်ရုံဖြင့် မလုံလောက်သေးပါ။ မိဘများ မိမိတို့၏ သား/သမီး အပေါ်မှာ ထားသောချစ်ခြင်းမေတ္တာကို ကျွန်မလုံးဝ သံသယ မရှိပါ။ သားသမီးများကို မိဘများချစ်သည်ထက် သာ၍အရေးကြီးသော အချက်ဟူမူကား သင့်၏ သား/သမီးများသည် သင့်ချစ်ခြင်းမေတ္တာကိုခံစားရသလား။ အကယ်၍ သင်သည်သင့်သား/သမီးများကို အလွန်ချစ်သော်လည်း ထိုချစ်ခြင်းမေတ္တာ ကိုသင်၏သား/သမီးများမှ မခံစားခဲ့လျှင်အချည်းနှီး သက်သက်ဖြစ်သည်။

သားသမီးများ တစ်ယောက်နှင့်တစ်ယောက် မိဘများထံမှ ချစ်ခြင်းမေတ္တာကို ခံစားရသည့်ပုံ မတူကြပေ။ တစ်ချို့ကလေများအတွက် မိဘများမှ မိမိလိုချင်သောအရာကို

ဝယ်ပေးသည့်အချိန်တွင် ကိုယ့်ကို ချစ်သည်လို့ခံစားရကြသည်။ တစ်ချို့သောကလေးများမှုကား မိဘများ အနမ်းပေးတဲ့အခါ၊ "အရမ်းချစ်တယ်နော်" ဟုပြောသောအခါ၊ ဆုတောင်းပေးသောအခါ၊ မိမိနှစ်သက်သောအစားအစာများကို ချက်ပေးသောအခါ၊ ဖျားနာတဲ့ အချိန် ပြုစုပေးသောအခါ စသဖြင့် အမျိုးမျိုးသော အကြောင်းကြောင်းကြောင့် မိဘဆီမှ လာသော ချစ်ခြင်းမေတ္တာကို ခံစားတတ်ကြသည်။ အဘယ်သို့သော အကြောင်းကြောင့်ပင် ဖြစ်စေကာမူ အခိကလိုအပ်သောအရာမှာ သား/သမီးများသည် မိဘများဆီမှ ချစ်ခြင်းမေတ္တာကို ခံစားရနိုင်ဖို့ ဖြစ်သည်။

မိဘများဆီမှ ရသော ချစ်ခြင်းမေတ္တာသည် သား/သမီးများ၏ ပညာရေး၊ စွမ်းဆောင်ရည် ကိုမြင့်တက်စေရုံသာမက၊ မိဘများ၏ အားနည်းချက် ကိုပါဖုံးပေးနိုင်သည်။

❖ ခပ်သိမ်းသော အပြစ် တို့ကို ဖုံးအုပ်တတ်၏။

သုတ္တံကျမ်း ၁၀:၁၂
မုန်းသောစိတ်သည် ရန်တွေ့ရာသို့ တိုက်တွန်း တတ်၏။ ချစ်သော စိတ်မူကား၊ ခပ်သိမ်းသော အပြစ် တို့ကို ဖုံးအုပ်တတ်၏။

လူတိုင်း ပြည့်စုံသောသူမရှိပါ။ ဘုရားသခင်၏ ကျေးဇူးတော်ကြောင့် မိဘဖြစ်ခွင့်ရသော်လည်း၊ မိမိတို့၌အားနည်းချက်များရှိကောင်း ရှိနိုင်ပါသည်။ အထူးသဖြင့် မိမိသား/သမီးများ ကိုယ့်မွေးရပ်မြေမဟုတ်ဘဲ အခြားနိုင်ငံတွင် မွေးဖွားပြီး၊ ကြီးပြင်းလာသည့်အချိန် ယဉ်ကျေးမှုကွာခြားမှု ကြောင့်သော်၎င်း၊ ငွေကြေးအခက်အခဲ ကြောင့်သော်၎င်း၊ ဘာသာစကား အားနည်းခြင်းကြောင့် သော်၎င်း မိဘများ ကိုယ့်ကိုကိုယ် အားမရခြင်း၊ အားနည်းခြင်းရှိသည်ဟု ခံစားချက်များ ဖြစ်လာတတ်သည်။ ဒါတင်မကဘဲ တစ်ခါတစ်လေ မိဘများ သားသမီးများကို အလွန်ချစ်သောကြောင့် ဖိအားပေးမိခြင်း၊ ဆူမိခြင်း ဖြစ်တတ်ကြသည်။ ထိုအရာတွေအားလုံးကို ချစ်သောစိတ်က ဖုံးအုပ်ပေးသည်။ သား/သမီးများသည် မိဘများ၏

ချစ်ခြင်းမေတ္တာကို ခံစားရသောအခါ မိဘများ၏ အားနည်းချက်များ အားလုံးကို မမြင်တော့ပါ။ အခုလိုရေးသားရခြင်းသည် မိဘများ အပြစ်လုပ်ဖို့ အားပေးသည် မဟုတ်၊ သား/သမီးများ ချစ်ခြင်းမေတ္တာကို ခံစားရခြင်း၏ အရေးကြီးခြင်းကို မီးမောင်းထိုးပြ ခြင်းဖြစ်သည်။

သက်သေခံချက်။ ။ ဇူလိုင်လ ၇ ရက်နေ့၊ ၂၀၂၄ ခုနှစ်တွင် ကျွန်မ Sunday School သင်ပေးတဲ့ Senior အတန်းကို မေးခွန်းများမေးရင်း၊ သူတို့၏ခံစားချက်များကိုနားထောင်ခြင်းအားဖြင့် မိဘများ၏ချစ်ခြင်းမေတ္တာ အရေးကြီးကြောင်းကို သာ၍နားလည်စေခဲ့သည်။

ဤကလေးများသည် နိုင်ငံရပ်ခြားတွင် ဖွားမြင်ပြီး၊ သြစတေးလျနိုင်ငံတွင် ကြီးပြင်းလာကြသော ကလေးငယ်များဖြစ်ကြသည်။ သို့သော်လည်း မြန်မာပြည်တွင်မွေးဖွားပြီး၊ မြန်မာပြည်တွင် ကြီးပြင်းလာသော မိဘများ၏အုပ်ထိန်းမှုအောက်တွင် ကြီးပြင်းလာသောအခါ အကြောင်းအမျိုးမျိုးကြောင့် အခက်ခဲများတွေ့ကြုံရကြသည်။

ဤကလေးများသည်ကား မိဘများ၏ထိန်းကျောင်းမှုတွင် အားနည်းချက်များ၊ သဘောမတူမှုများ ရှိသော်လည်း၊ မိဘများဆီမှ ချစ်ခြင်းမေတ္တာကို ခံစားရသောကြောင့် မိဘများအား အပြစ်မတင်ဘဲ "ကျွန်ုပ်ကို ချစ်လို့" ဆိုသော ဆင်ခြင်မှုများဖြင့် မိဘများ၏ အားနည်းချက်များကို ဖုံးပေးခဲ့သည်။

❖ ယခုရှင်ပြန်ပြီ။ ယခုတွေ့ပြန်ပြီ။

ရှင်လုကာခရစ်ဝင် ၁၅း၃၂
သင်၏ညီမှုကား အထက်ကသေ၏။ ယခုရှင်ပြန်၏။ အထက်ကပျောက်၏။ ယခုတွေ့ပြန်၏။ ထို့ကြောင့် ပျော်မွေ့ဝမ်းမြောက်စရာအကြောင်းရှိ၏။ အဘဆိုသည်ဟု မိန့်တော်မူ၏။

တစ်စုံတစ်ယောက်သောသူသည်သားနှစ်ယောက်ရှိ၏။ သားအငယ် သည် အဘထံမှ သူရထိုက်သော အမွေဥစ္စာကိုဝေ၍ပေးပါဟုတောင်းပန်လျှင်၊ အဘသည်

ဥစ္စာများကိုခွဲစေ၍သားတို့အားပေးလေ၏။ ထို့နောက်များမကြာမီ သားငယ်သည် ဝေးသောပြည်သို့ သွားပြီးလျှင် ကာမဂုဏ်၌လွန်ကျူးသောအားဖြင့် ဥစ္စာပြုန်းတီး၍ ရှိသမျှကုန်သောအခါ၊ ထိုပြည်၌ ကြီးစွာသောအစာခေါင်းပါးခြင်းကြောင့် အလွန်ဆင်းရဲခြင်းသို့ ရောက်လေ၏။ အဘယ်သူမျှအစာကို မကျွေးသောကြောင့်၊ ဝက်စားတတ်သော ပဲတောင့်ကိုပင် စားချင်မတတ်ငတ်မွတ်လျှက်နေရ၏။ သို့သော်လည်း၊ အဘ၏ အိမ်၌အခစားသောသူများတို့သည် ဝစွာစားရကြသည်ကို သတိရ၍၊ အဘထံသို့ သွားလေသော်၊ အဘသည် ဝေးသေးသောသားငယ်ကို မြင်လျှင်၊ သနားသောစိတ်နှင့် ပြေးသွား၍ သား၏လည်ပင်းကို ပိုက်ဘက်လျက် နမ်းရှုပ်လေ၏။ သားငယ်သည် အဘထံ၌ ဘုရားသခင်နှင့် ကိုယ်တော်ကို ငင်း ပြစ်မှားပါပြီ ဟုဝန်ခံသောအခါ၊ အဘက မြတ်သောဝတ်လုံကို ခြုံကြ၊ လက်စွပ်တန်ဆာကို ဆင်ကြ၊ ခြေနင်းကို စီးစေကြ၊ ဆူအောင်ကျွေးသော နွားကလေးကို ယူ၍သတ်ကြ ဟု ငယ်သားတို့အား စေခိုင်းလေ၏။ ထို့နောက် သားကြီးကို "သင်၏ညီမူကား အထက်ကသေ၏။ ယခုရှင်ပြန်၏။

အမွန်မြတ်ဆုံးသော ဘုရားသခင်၏ အမွေဥစ္စာ

အထက်ကပျောက်၏။။ ယခုတွေ့ပြန်၏။။"
ဟုအဘသည်မိန့်တော်မူ၏။။

ဤသားငယ်၏ လုပ်ရက်များသည် မမှန်သော်လည်း၊ သူ့အနိမ့်ဆုံးအရပ် သို့ရောက်သောသားငယ်၊ ဆင်းရဲဒုက္ခကြုံရသော သားငယ်အား အဘဖြစ်သောသူသည် အပြစ်တင်ခြင်း၊ ငြင်းပယ်ခြင်း စသဖြင့်သော အနုတ်လက္ခဏာဖြင့် မတုံ့ပြန်ဘဲ၊ ချစ်ခြင်းမေတ္တာဖြင့် သားအငယ်ကိုကြိုဆိုခြင်း၊ သားအဖြစ်သို့ ပြန်လည်လက်ခံခြင်းများကြောင့် အထက်ကပျောက်သောသားငယ်ကို ဖခင်အိမ်တွင် ပြန်တွေ့ရပြန်သည်။။

မိဘများအားလုံး မိမိသား/သမီးများအားလုံးသည် အမှားလုပ်မိသည့် အချိန်တွင် တုန့်ပြန်သည့် နည်းလမ်းကို ပြန်လည် ဆင်ခြင်စေချင်သည်။။ အမှားလုပ်သော သားသမီးများအား အပြစ်တင်ခြင်း၊ အနုတ်လက္ခဏာများဖြင့် မတုံ့ပြန်ဘဲ ချစ်ခြင်းမေတ္တာဖြင့် မိမိအားဘုရားသခင် အမွေဥစ္စာအဖြစ် ပေးသောသား/သမီးများ အားထွေးပွေ့သောသူများဖြစ်ပြီး၊

လမ်းပျောက်လျှက်ရှိသော သား/သမီးများကို ချစ်ခြင်းမေတ္တာအားဖြင့် ပြန်လည်တည့်မတ်စေသော မိဘများ၊ ဆိုးသွမ်းသော သား/သမီးများကို ဘုရားသခင်၏အလိုတော် သွန်သင်ဆုံးမမှုများ အတိုင်း မေတ္တာဂရုဏာ ကြီးစွာဖြင့် သွန်သင်နိုင်သော မိဘများဖြစ်ဖို့ရန်အတွက် ဘုရားသခင် ကောင်းကြီးပေးပါစေ။

iii) ဘုရားသခင်

သားသမီးများသည် မိဘများထံမှလာသောချစ်ခြင်းမေတ္တာကိုသာ လိုအပ်သည်မဟုတ်။ ချစ်ခြင်းမေတ္တာဖြစ်သော ဘုရားသခင်ကိုလည်း လိုအပ်ကြသည်။ သမီးရည်းစားရှိသော သူများသည် မိမိချစ်မြတ်နိုးသော အမျိုးသမီးများကို ရည်းစားစာပေးလေ့ရှိကြသည်။ ထိုနည်းတူစွာ ဘုရားသခင်၏ချစ်ခြင်းမေတ္တာကို သိနိုင်သော အကြောင်းအများကြီးရှိသည့် အထဲတွင် တစ်ခုမူကား၊ ကျွန်ုပ်တို့ထံသို့ရေးသော ရည်းစားစာ၊ ကျမ်းစာအုပ်ပင်ဖြစ်သည်။ ဘုရားသခင်သည် သင်နှင့်ကျွန်မတို့အား စာရွက်တစ်ရွက်စာ မဟုတ်ဘဲ၊ စာအုပ် ၆၆ အုပ်အားဖြင့် ကျွန်ုပ်တို့အပေါ်တွင်ထားသော သူ၏ချစ်ခြင်းမေတ္တာကို ဖော်ပြထားသည်။

❖ ဘုရားသခင်သည်ချစ်ခြင်းမေတ္တာဖြစ်တော်မူ၏

ရှင်ယောဟန်သြဝါဒစာပဌမစောင် ၄:၁၆

ဘုရားသခင်သည် ငါတို့ကိုချစ်တော်မူခြင်း မေတ္တာတော်ကိုငါတို့သည်သိ၍ ယုံကြည်ကြ၏။ ဘုရားသခင်သည် ချစ်ခြင်းမေတ္တာဖြစ်တော်မူ၏။ ချစ်ခြင်းမေတ္တာ၌ တည်သောသူသည် ဘုရားသခင်၌တည်၏။ ဘုရားသခင်သည်လည်း ထိုသူ၌ တည်တော်မူ၏။

လူသားဖြစ်သော မိဘများ၏ချစ်ခြင်းမေတ္တာသည် ကုန်ခမ်းနိုင်ရုံသာမက၊ အကန့်အသတ်ရှိနိုင် သော်လည်း၊ ချစ်ခြင်းမေတ္တာဖြစ်သော ဘုရားသခင်မူကား အကြောင်းပြချက်မရှိ၊ လူသားများအားလုံးကို အပြစ်သားများဖြစ်စဉ်ပင် ညီတူညီမျှချစ်သော ဘုရားသခင်ဖြစ်သည်။ တစ်နည်းအားဖြင့် ဤလောကတွင် အကောင်းဆုံးသော မိဘများထံမှရရှိသော ချစ်ခြင်းမေတ္တာထက် ဘုရားသခင်ထံမှ ရရှိသောချစ်ခြင်းမေတ္တာသည် အစပေါင်းများစွာ သာ၍ ကောင်းမြတ်သည်။ ထို့မျှလောက်ပင် သင့်သား/သမီးများကို ချစ်သောဘုရားသခင်နှင့် မိမိ၏သား/သမီးများကို မိတ်မဆက်မိပါက

သား/သမီးများအတွက်ဆုံးရှုံးမည့်အရာများမှာ မတွေးဝံ့ပေ။ သား/သမီးများကို ဆုံးရှုံးစေချင်သည့်မိဘများ ရှိမည်ဟု မထင်ပါ။ ထို့ကြောင့် သား/သမီးများကို ချစ်ခြင်းမေတ္တာဖြစ်သော ဘုရားသခင်နှင့် မိတ်ဆက်ပေးခြင်းသည် သား/သမီးများ အနာဂတ်အတွက် ဘက်စုံမှ မြေတောင်မြှောက်ပေးလိုက်ခြင်းပင် ဖြစ်သည်။

လူသားများဖြစ်ကြသောမိဘများတွင် အားနည်းချက်များရှိကြသည်။ တစ်ခါတစ်ရံ သား/သမီးများအပေါ် ချစ်ခြင်းမေတ္တာကို မပြတတ်သောအချိန်များလည်း ရှိတတ်ပါသည်။ ထိုကဲ့သို့သောအချိန်များတွင် ပင်လျှင် ကျွန်ုပ်တို့သား/သမီးများအား ချစ်ခြင်းမေတ္တာဖြစ်သောဘုရားသခင်နှင့် မိတ်ဆက်ပေးခြင်းအားဖြင့် မိဘများထံမှမရနိုင်သော ချစ်ခြင်းမေတ္တာ၊ မိဘများမပေးနိုင်သော ချစ်ခြင်းမေတ္တာများအားလုံး ထိုဘုရားသခင်ထံမှ ရရှိသောကြောင့် ချစ်ခြင်းမေတ္တာ မရခြင်းကြောင့် ဖြစ်နိုင်သော ဆိုးကျိုးများသည် သင်၏သား/သမီးများ၌ဖြစ်စရာအကြောင်းမရှိပေ။

ထို့ကြောင့်၊ အကယ်၍မိဘဖြစ်သောသင်သည်၊ အကြောင်း
အမျိုးမျိုးကြောင့် သင့်သား/သမီးများမှ သင့်ချစ်ခြင်းမေတ္တာအား
အပြည့်အဝ ခံစားရန်အတွက် သံသယ ရှိလျှင်၊
သား/သမီးများအားဘုရားသခင်နှင့်
မိတ်ဆက်ဖို့ရန်တိုက်တွန်းချင်ပါသည်။

❖ အိုးထိန်းသမား

ယေရမိအနာဂတ္တိကျမ်း ၁၈း၅-၆

*ထိုအခါ ထာဝရဘုရား၏ နှုတ်ကပတ်တော်သည် ငါ့ဆီသို့
ရောက်လာ၍၊ ထာဝရဘုရားမိန့်တော်မူသည်ကား၊
အိုဣသရေလအမျိုး၊ အိုးထိန်းသမားပြုသကဲ့သို့ သင်တို့ကို
ငါမပြုနိုင်သလော။ အိုဣသရေလ အမျိုး၊ အိုးမြေသည်
အိုးထိန်းသမားလက်၌ ရှိသကဲ့သို့ သင်တို့ သည် ငါ့လက်၌ရှိကြ၏။*

အိုးမြေဖြစ်သော သားသမီးများ၏ အသက်တာသည်
အိုးထိန်းသမားဖြစ်သော ဘုရားသခင်၏လက်ထဲတွင် ရှိကြသည်။
ထို့ကြောင့် သားသမီးများသည် အလွန်လှပသော

အိုးမြေများဖြစ်ဖို့ရန်အတွက် အိုးထိန်းသမားဖြစ်သော ဘုရားသခင်ကို လိုအပ်ကြသည်။ ဒီလောကတွင်ပင် အလွန်တော်သောအိုးသမား ပြုလုပ်သော အိုးမြေတိုင်းသည် အလွန်လှပပြီး၊ အလွန်တန်ဖိုးရှိကြသည်။

သက်သေခံချက်။ ။ကျွန်မအထက်တန်းကျောင်းတက်သည့် အချိန်တွင် အနုပညာဘာသာရပ် ကိုသင်ယူရာတွင် ရွှံ့ကိုအသုံးပြုပြီး ခွက်ပြုလုပ်နည်းကို ကျောင်းသူ/သားများအားလုံး အတူတကွသင်ယူကြသည်။ ကျောင်းသူ/သားများအားလုံး ရွှံ့စေးကို မိမိနှစ်သက်ရာ ခွက်ပုံသဏ္ဍာန်အဖြစ် ပုံဖော်ကြသည့်နောက် မီးဖိုထဲတွင်ထည့်ပြီး၊ ပြီးသောခွက်များကို စားပွဲပေါ်တွင် ချထားကြသည်။ စားပွဲပေါ်တွင် ရှိသောခွက်များအားလုံးကို ဆရာနှင့်အတူ ကျောင်းသူ/သားများအားလုံး ကြည့်သောအခါ ဆရာသည် ထိုခွက်ထဲတွင် အလှဆုံးသောခွက်ကို ယူ၍ ထိုခွက်ကို ပုံသွင်းသော သူကို မေးပြီး ချီးကျူးစကားပြောခဲ့သည်။

ဤအဖြစ်အပျက်လေးကို ပြောရခြင်းအကြောင်းမှာ၊ ဤအလွန်လှသော ခွက်မဖြစ်ခင် ရွှံ့သည် မိမိဆန္ဒအတိုင်း၊

ပုံသွန်းသူ၏ ဆန္ဒကို လက်မခံပါက အလွန်လုပသောခွက် ဖြစ်စရာအကြောင်းမရှိပေ။ ထိုနည်းတူ၊ သားသမီးများ၏ အသက်တာတွင်လည်း၊ အိုးထိန်းရှင် ဖြစ်သော ဘုရားသခင်ကို ယုံကြည်စိတ်ချပြီး၊ ဘုရားသခင်ကို ပုံသွင်းခွင့်ပေးသော အိုးမြေများဖြစ်ပါက ထိုအလွန်လုပသော ခွက်ကဲ့သို့၊ လူများအားလုံးရှေ့တွင် ထူးခြားသောသူဖြစ်ပြီး၊ အိုးထိန်းဖြစ်သော ဘုရားသခင်အား လူတိုင်းချီးမွမ်းစေသောသားသမီးများဖြစ်ကြမည်။

❖ အလုံးစုံတို့ကို သိသောဘုရား

ရှင်ယောဟန်သြဝါဒစာပဌမစောင် ၃း၂၀ အကြောင်းမူကား၊ ကိုယ်စိတ်နှလုံးသည် ကိုယ်ကိုအပြစ်တင်လျှင်၊ ဘုရားသခင်သည် ငါတို့၏ စိတ်နှလုံး ထက်သာ၍ ကြီးမြတ်သည်ဖြစ်၍၊ အလုံးစုံတို့ကို သိတော်မူသည်ကို ငါတို့သိကြ၏။

လူတော်တော်များများသည် မိမိအကြောင်းကို သိပြီး၊ နားလည်ပေးသောသူများ၊ မိမိကိုစိတ်ဝင်စားသောသူများကို လိုချင်ကြသည်။ အဘယ်ကြောင့်ဆိုသော် ကိုယ့်ကို တန်ဖိုးထားသောသူမှ နားလည်ပေးနိုင်ပြီး အရာရာပေးဆပ်နိုင်သူ၊ စိတ်ဝင်စားသူအများ ဖြစ်လို့ပါ။ သို့ပေမယ့် တစ်စုံတစ်ယောက်သောသူ၏ အကြောင်းကို သိဖို့ရန် အချိန်ပေးရသည်။ တစ်ဖက်လူပြောသောစကား/ ရင်ဖွင့်ချက်များကို နားထောင်ပေးခြင်း၊ အချိန်မှုအစ အရင်းအနှီး ပေးဆပ်ရသည်။ လူတော်တော်များများ ထိုကဲ့သို့ အရင်းအနှီး ပေးပြီး၊ မိမိအကြောင်းကို သိသောသူများကိုလဲ သာ၍ရင်ဖွင့်တတ်ကြပါသည်။ ထိုသူများသည် ဝိညာဉ်မိခင်၊ ဝိညာဉ်ဖခင်၊ ဝိညာဉ်ခေါင်းဆောင်၊ မိမိ၏ခင်ပွန်းသည်၊ မယား၊ မိဘများ၊ သူငယ်ချင်းများ စသဖြင့်သောသူများ ဖြစ်တတ်ကြသည်။ လူတိုင်း ကိုယ့်အခက်အခဲနှင့်ကိုယ် ရှိကြသော်လည်း၊ ထိုအခက်အခဲများသည် တစ်ယောက်နှင့်တစ်ယောက် မတူကြပေ။ ထိုသို့ အခက်အခဲမတူသောသူအချင်းချင်း ဖြစ်သော်လည်း၊ မိမိအကြောင်းကို သိသောသူများအား မိမိတို့၏ဝန်များကို မျှဝေခြင်း၊

မိမိခံစားချက်များကို ရင်ဖွင့်ခြင်းအားဖြင့် မိမိ၏စိတ်ဖိစီးမှုကို လျှော့ကျစေရုံသာမက၊ ထိုမိမိရင်ဖွင့်သံကို နားထောင်ပေးသောသူနှင့်မိမိ၏ ဆက်ဆံရေးခိုင်မာစေနိုင်သည်။ တစ်နည်းအားဖြင့် လူတိုင်း မိမိကို သိသောသူ၊ ရင်ဖွင့်လို့ရသောသူ လိုအပ်ကြသည်။ သို့သော်လည်း၊ အလွန်ကောင်းသောမိတ်ဆွေ/ မိဘဖြစ်စေ၊ သားသမီးများ၏ ဘဝအတွေ့အကြုံ၊ ခံစားချက်၊ အခက်အခဲ စသည်တို့ကို သားသမီးများနှင့် ပတ်သက်၍ အလုံးစုံကို မသိနိုင်ပေ။

ကျွန်မတို့ကို ဖန်ဆင်းရုံသာမက ကျွန်မတို့၏ဖြစ်ခြင်း၊ ကြုံတွေ့ရသောအတွေ့အကြုံ၊ အခက်အခဲ၊ ခံစားချက်၊ ကျွန်မတို့နှင့်ပတ်သက်ပြီး အလုံးစုံကိုသိသော သူသည် ဘုရားသခင်တစ်ပါးတည်းသာလျှင် ဖြစ်သည်။ ထိုနည်းတူစွာ သားသမီးများ၏ အသက်တာတွင်လဲ သူတို့နဲ့ပတ်သက်၍အလုံးစုံကို သိသော ဘုရားသခင်ကို လိုအပ်ကြသည်။

ဆာလံကျမ်း ၁၃၉း၁-၄
အိုထာဝရဘုရား၊ ကိုယ်တော်သည် အကျွန်ုပ်ကို စစ်ကြော၍ သိတော်မူ၏။

အကျွန်ုပ်ထိုင်ခြင်း၊ ထခြင်းအရာတို့ကို သိတော် မူ၏။။ အကျွန်ုပ်၏ အကြံအစည်တို့ကို အဝေးကပင် နား လည်တော်မူ၏။။ အကျွန်ုပ်သွားသောလမ်းကိုငင်း၊ အိပ်ရာကိုငင်း စစ်ဆေး၍၊ အကျွန်ုပ်ကျင့်သော အကျင့်အလုံးစုံတို့ကို ကျွမ်းတော်မူ၏။။ အကျွန်ုပ်သည် စကားတခွန်းကိုမျှ မမြွက်သော် လည်း၊ အိုထာဝရဘုရား၊ ကိုယ်တော်သည် အကြွင်းမဲ့ သိတော်မူ၏။။

မိဘများသည် သား/သမီးများနဲ့အတူ အချိန်တိုင်း/နေရာတိုင်းတွင် မရှိပေးနိုင်ကြပါ။ ထို့ကြောင့် သား/သမီးများနှင့်ပတ်သက်သောအရာ အလုံးစုံကို သိဖို့ရန် မဖြစ်နိုင်။ မိဘများသည် သား/သမီးများ ပြောတဲ့ အရာများကို သာသိတတ်ပြီး၊ သား/သမီးများ မပြောသော သူတို့၏ရင်ထဲ၌ရှိသော ခံစားချက်များကို မိဘများ သိဖို့ မဖြစ်နိုင်ပါ။ သို့သော် သား/သမီးများနှင့် ပတ်သက်ပြီး အကြွင်းမဲ့သိသော ဘုရားသခင်ရှိသည်။ မိဘများ သား/သမီးများကို အချိန်တိုင်း နားလည်ပေးဖို့ ခက်သော်လည်း၊ ဘုရားသခင်သည် သား/သမီးများ၏ဆုံးဖြတ်ချက် တစ်ခုစီတိုင်း၊ ထိုဆုံးဖြတ်ချက်များချစေသော နောက်ကွယ်တွင် ရှိသောတွန်းအား များအားလုံးကိုပင် သိသောဘုရားဖြစ်သည်။။

အမွန်မြတ်ဆုံးသော ဘုရားသခင်၏ အမွေဥစ္စာ

တစ်ခါတစ်လေ သား/သမီးများမှားယွင်းသောဆုံးဖြတ်ချက်ချမိပြီး၊ ခက်ခဲသည့် စိတ်ခံစားချက်များ ကြုံရသည့်အချိန်တွင် တစ်ချို့ မိဘများ မသိကြပါ။ ဘုရားသခင်မူကား သားသမီးများ အမှားလုပ်မိပြီး၊ အခက်အခဲကြုံခဲ့လျှင် ထိုအခက်အခဲများထဲမှ လွတ်မြောက်ခြင်းကို ပေးနိုင်တဲ့ဘုရားသခင် ဖြစ်တယ်။

သား/သမီးများအတွက် ဘုရားသခင်သည် မရှိမဖြစ်လိုအပ်သည်။ ထို့ကြောင့် သား/သမီးများကို ငယ်ရွယ်သောအချိန်၌ပင် ချစ်ခြင်းမေတ္တာဖြစ်သော ဘုရားသခင်၊ အိုးထိန်းရှင်ဖြစ်သော ဘုရားသခင်၊ အလုံးစုံတို့ကို သိတော်မူသော ဘုရားသခင်နှင့် မိတ်ဆက်ပေးသော မိဘများဖြစ်ရန် ဘုရားသခင်ကောင်းကြီးပေးပါစေ။

iv) ဆုံးမခြင်း

နှုတ်ကပတ်တော်ထဲတွင် သား/သမီး နဲ့ပတ်သက်၍ အကြိမ်ကြိမ် မြင်ရသောအရာမှာ သားသမီးများကို "ဆုံးမလော့" ဆိုသည့် စကားပင်ဖြစ်သည်။

❖ ငြိမ်သက်ခြင်းနှင့် စပ်ဆိုင်သော ဖြောင့်မတ်ခြင်းအကျိုး

ဟေဗြဲသြဝါဒစာ ၁၂း၁၀
ဆုံးမခြင်းမည်သည်ကား၊ ခံရစဉ်အခါ ဝမ်းမြောက်စရာမထင်၊ ဝမ်းနည်းစရာထင်တတ်၏။ သို့သော် လည်း၊ ဆုံးမခြင်းကိုခံရသောသူတို့သည်၊ နောက်မှ ငြိမ်သက်ခြင်းနှင့် စပ်ဆိုင်သော ဖြောင့်မတ်ခြင်းအကျိုးကို ခံရကြ၏။

လူကြီး၊ လူငယ်၊ ကလေးများ အားလုံး ဆုံးမခြင်းကို၊ ခံရသောကြောင့် ဝမ်းမြောက်တဲ့သူသည် အလွန်ရှားပါးပါသည်။ သို့သော်လည်း၊ နောက်မှ နှုတ်ကပတ်တော်ထဲမှာမြင်ရတဲ့ အတိုင်း ငြိမ်သက်ခြင်းနှင့် စပ်ဆိုင်သော ဖြောင့်မတ်ခြင်းအကျိုးကို ခံစားရကြမည်။ ဥပမာ၊ အကယ်၍ ဘုရားသခင် အမွေအဖြစ်

ပေးသော ကိုယ့်သား/သမီးများသည် သူတစ်ပါး၏ ပစ္စည်းကို ခိုးယူတတ်သော အကျင့်ရှိကြောင်းကို သိသော်လည်း၊ မဆုံးမပါက ထိုကလေးသည် သူခိုးဟု သူတစ်ပါးခေါ် ခြင်းကို ခံရရုံသာမက ၎င်းခိုးယူတတ်မှုဖြင့် အကျင့်ပျက်ပြားစေပြီး နောက်ဆုံးတွင် အကျဉ်းထောင်ထဲထိ ရောက်နိုင်သည်။ သို့သော် ထိုမိဘများသည် မိမိသား/သမီး သူတစ်ပါး၏ပစ္စည်းကို ယူတတ်သော အကျင့်ရှိသည်ကို သိထားပြီး၊ ချက်ခြင်း ဆုံးမ လျှင် နှုတ်ကပတ်တော်ထဲတွင် တွေ့ရတဲ့အတိုင်း ဝမ်းနည်းစရာ ထင်တတ်သော်လည်း ထိုကလေး၏အနာဂတ်တွင် ဖြောင့်မတ်ခြင်းအကျိုးထဲမှ တစ်ခုဖြစ်သော ဒုက္ခထဲမှ ထွက်မြောက်ခြင်းကို ခံရမည်ဖြစ်သည် (သုတ္တံကျမ်း ၁၁း၈)။

❖ ဘုရားသခင်၏အလိုတော်နှင့်ညီသော ဆုံးမသွန်သင်ခြင်း

ဖေက်သြဝါဒစာ ၆း၄
အဘတို့၊ ကိုယ်သားသမီးကို စိတ်ဆိုးစေခြင်းငှါ မပြုကြနှင့်။ သခင်ဘုရား၏အလိုတော်နှင့်ညီသော ဆုံးမ သွန်သင်ခြင်းကိုပြုလျက် ကျွေးမွေးကြလော့။

ဆုံးမခြင်းအားဖြင့် သား/သမီးများသည် ငြိမ်သက်ခြင်းနှင့် စပ်ဆိုင်သော ဖြောင့်မတ်ခြင်းအကျိုးကိုခံရမည်ဟု နှုတ်ကပတ်တော်ထဲတွင် မြင်ရသည့်အတိုင်း မိဘများ သား/သမီးများကို ဆုံးမရန် လိုအပ်သည်။ ထိုသို့ဆိုလျှင် မည်သည့်အရာကို အခြေခံပြီး မိမိတို့၏သားသမီးများကို ဆုံးမနေသနည်း။ ပတ်ဝန်းကျင်ပြောသောစကား၊ ရုပ်ရှင်ဇာတ်ကားထဲတွင် တွေ့သော အရာများပေါ်တွင်သာ အခြေခံပြီး သား/သမီးများကို ဆုံးမနေသလား။ နှုတ်ကပတ်တော်တွင်မူ သခင်ဘုရား၏ အလိုတော်နှင့်ညီသော ဆုံးမ သွန်သင်ခြင်း ကိုပြုရန်အတွက် သင်ပေးသည်။ တစ်နည်းအားဖြင့်

မိမိ သား/သမီးများမှ နှုတ်ကပတ်တော်နှင့် မညီသော
အပြုအမူတွေကိုလုပ်သည့်အချိန်တွင်
နှုတ်ကပတ်တော်ထဲတွင်ရေးသားသည့် ဘုရားသခင်၏စကားကို
ထောက်ပြပြီး မလုပ်တော့ရန် သွန်သင်ခြင်းဖြစ်သည်။

ဤကျမ်းချက်များကို ဖတ်ခြင်းအားဖြင့် မိဘများ
မိမိသား/သမီးများကို ငယ်သော အရွယ်မှ
ဘုရားသခင်၏အလိုတော်နှင့် အညီဆုံးမဖို့
ရန်အတွက်လိုအပ်ကြောင်းကိုသိပြီးဟု ယုံကြည်သည်။
အကယ်၍သင်သည် ဘုရားသခင်၏အလိုတော်နှင့် အညီဆုံးမနိုင်
ရန်အတွက် မိမိကိုယ်တိုင် ကျမ်းစာကို ဖတ်သောသူဖြစ်ပြီး၊
ဘုရားသခင်၏ဖွင့်ပြချက်များအားဖြင့် ဘုရားသခင်၏အလိုတော်ကို
သိသောသူဖြစ်ဖို့ရန်အတွက် အလွန်အရေးကြီးသည်။

❖ ဘုရားဆီမှလာသော ဉာဏ်ပညာ

သား/သမီးများကို ဆုံးမရန် လိုအပ်သည်ကိုငြင်း၊
ထိုသား/သမီးများကို ဆုံးမရာတွင် ဘုရားသခင်၏အလိုတော်အတိုင်း

ဆုံးမရန် လိုအပ်ကြောင်းကို နားလည်သဘောပေါက်စေလိုသည်။ အဘယ့်သို့ ဆုံးမရမည်နည်းဟု ဒွိဟစိတ်ဖြစ်နေသော မိဘများအတွက် သား/သမီးများအား ဆုံးမရမယ့် နည်းလမ်းများသည် တစ်ယောက်နှင့်တစ်ယောက် မတူညီကြပါ။ ဥပမာ အပင်များကို ပြုစုသည့်နည်းလမ်း၊ အပင်အမျိုးအစား အလိုက် နေရောင်ခြည်ကို လိုအပ်သည့်နှုန်း၊ ရေကိုလိုအပ်သည့်နှုန်း သည် မတူသကဲ့သို့ မိမိတို့၏ သား/သမီးများအား ထိရောက်စွာဆုံးမတတ်ဖို့ ရန် ဘုရားသခင်ထံမှ လာသောဉာဏ်ပညာကို လိုအပ်သည်။

ကျမ်းစာကိုဖတ်ပြီးလေ့လာသောသူတိုင်း၊ ရှင်ဘုရင်ကြီး ရှောလုမုန်ကို ရင်းနှီးမည်ဟု ကျွန်မယုံကြည်တယ်။ ရှောလုမုန်၏အသက်တာတွင် အလွန် ခွန်အားရသည့်အရာမှာ အခြားအရာ မြောက်မြားစွာ ဘုရားသခင်ဆီ တောင်းလို့ရသော်လည်း ထိုအခြားအရာများထက် လူတွေအပေါ် အကောင်းအဆိုး၊ အမှားအမှန် ပိုင်းခြား၍သိတတ်သော ဉာဏ်ကို ပေးသနားတော်မူပါဟု ဘုရားသခင်ကို တောင်းလျှောက်ခဲ့သည်။ ထို့သို့ တောင်းလျှောက်သော ရှောလုမုန်သည် သူဆုတောင်းသည့်အတိုင်း ဘုရားသခင်၏လူကို ပညာရှိစွာ

တရားစီရင်နိုင် ရုံသာမက၊ အလွန်ကြွယ်ဝသော
ရှင်ဘုရင်တစ်ပါးအဖြစ် မှတ်တမ်းတင်ခြင်းကို ခံရသည်။

ဓမ္မရာဇဝင်တတိယစောင်၊၃း၉
သို့ဖြစ်၍ ကိုယ်တော်ကျွန်သည် ကိုယ်တော်၏ လူတို့ကို
တရားစီရင်နိုင်မည်အကြောင်း ကောင်းမကောင်း ကို ပိုင်းခြား၍
သိတတ်သောဉာဏ်ကို ပေးသနားတော် မူပါ။
ကျွမ့်လောက်များစွာသော ကိုယ်တော်၏ လူတို့ကို အဘယ်သူသည်
ကိုယ်အလိုအလျောက် တရားစီရင်နိုင်ပါ မည်နည်းဟု
တောင်းလျှောက်၏။

ရှောလုမုန်၏ အသက်တာမှာလည်း သူအုပ်ချုပ်သော
တိုင်းသူပြည်သားများအတွက် မှန်ကန်သောတရား
စီရင်ဆုံးဖြတ်နိုင်ဖို့ရန်အတွက် ဘုရားသခင်ဆီ
ဉာဏ်ပညာတောင်းသကဲ့သို့ မိမိတို့ကို
ဘုရားသခင်ပေးသနားတော်မူသော သား/သမီးများကို
ဆုံးမတတ်ရန်အတွက် ဘုရားသခင်ဆီဉာဏ်ပညာကို
တောင်းတတ်သော မိဘများ၊ အုပ်ထိန်းသူများ၊ ဆရာ/မ
များဖြစ်နိုင်ရန် ဘုရားသခင်ကောင်းကြီးပေးပါစေ။

v) သွန်သင်ခြင်း/သင်ကြားခြင်း

သွန်သင်ခြင်း/ သင်ကြားခြင်း ၏ အဓိပ္ပါယ်မှာ အသိပညာတစ်စုံတစ်ခုခုကို တစ်စုံတစ်ဦးအား အသိပညာပေးခြင်းဖြစ်တယ်။ မိဘတစ်ယောက်အနေနဲ့ သင့်ကို ဘုရားသခင် အမွေပေးသော သား/သမီးများကို အဘယ်သို့သောအရာများကို သွန်သင်ပေးမည်နည်း၊ အဘယ်သို့သောအရာများကို သွန်သင်ပေးနေသလဲ။

❖ နှုတ်ကပတ်တော်

ကျမ်းစာတွင် မိဘများအား မိမိတို့၏သားသမီးများကို နှုတ်ကပတ်တော် ကြိုးစားပြီးသင်ရန် တိုက်တွန်းထားသည်။

တရားဟောရာကျမ်း ၆း၆-၇က
ယနေ့ သင့်အား ငါမှိန့်မှာသော ဤနှုတ်ကပတ်တော်တို့ကို နှလုံးသွင်း ရမည်။ ထိုစကားကို သင်၏သားသမီးတို့အား ကြိုးစား ၍ သွန်သင်ရမည်။

နှုတ်ကပတ်တော်ကို နှလုံးသွင်းခြင်း၊ သားသမီးများကို ကြိုးစား၍ သွန်သင်ခြင်းအားဖြင့် များစွာသောကျေးဇူးများကို ပြုတတ်၏။ ထိုကျေးဇူးများထဲမှ တစ်ခုသည် အမှန်တရားကိုသိခြင်းဖြစ်သည်။ ယခုခေတ်တွင် လူတော်တော် များများ အလှည့်စား (scam) ခံရကြသည် ကို အားလုံးအသိပင် ဖြစ်သည်။ ထို လှည့်စားခြင်းကို ခံရသောသူများ၏ တူညီသောစရိုက်မှာ အမှန်တရားကိုမသိခြင်းပင်ဖြစ်သည်။ သို့သော်လည်း အမှန်တရားကို သိသောသူမူကား၊ အဘယ်သူမျှ လှည့်စားရန်မဖြစ်နိုင်။ ဥပမာ ပစ္စည်းတစ်စုံတစ်ခုကို ဝယ်ယူသောအခါတွင် မိမိလိုချင်သော ပစ္စည်း၏ တန်ဖိုးကိုသိလျှင်၊ တစ်စုံတစ်ယောက်ထံမှထိုပစ္စည်း၏ တန်ဖိုးထက် သာ၍များသော ဈေးဖြင့်မဝယ်။ ထိုနည်းတူ၊ နှုတ်ကပတ်တော်ကို သိသော သား/သမီးများအား စာတန်သည် လိမ်လည်၊ လှည့်စား ၍မရပေ။

ထို့အပြင်နှုတ်ကပတ်တော်သည် ထာဝရဘုရား၏စကားတော်၊ ကျမ်းစာသည် ဘုရားသခင်မှုတ်သွင်းတော်မူသောအားဖြင့် ဖြစ်သည်။

တိမောသေဩဝါဒစာဒုတိယစောင် ၃း၁၆-၁၇
ထိုကျမ်းစာရှိသမျှသည် ဘုရားသခင် မှုတ်သွင်းတော်မူသော အားဖြင့်ဖြစ်၍၊
ဘုရားသခင်၏ လူသည်စုံလင်သောသူ၊ ကောင်းသော အမှုအမျိုးမျိုးတို့ကို ပြုစုခြင်းအလိုငှါ ပြင်ဆင်သောသူ ဖြစ်မည်အကြောင်း၊ ဩဝါဒပေးခြင်း၊ အပြစ်ကိုဘော်ပြခြင်း၊ ဖြောင့်မတ်စွာ ပြုပြင်ခြင်း၊ တရားကို သွန်သင်ခြင်း ကျေးဇူးများကို ပြုတတ်၏။

မိဘတိုင်း၏အိမ်မက်သည် မိမိ၏သား/သမီး ဒီလောကတွင် အသက်ရှင်သည် ကာလ၌ စုံလင်သောသူ၊ ကောင်းသော အမှုအမျိုးမျိုး ပြုစုခြင်းအလိုငှါ ပြင်ဆင်သောသူများ ဖြစ်စေချင်ကြသည်။ နှုတ်ကပတ်တော်သည် မိမိသား/သမီးများအား၏အသက်တာတွင် ဩဝါဒပေးခြင်း၊ အပြစ်ကိုဘော်ပြခြင်း၊ ဖြောင့်မတ်စွာ ပြုပြင်ခြင်း၊ တရားကို သွန်သင်ခြင်း ကျေးဇူးများကို ပြုလိမ့်မည်။ ထိုနောက် နှုတ်ကပတ်တော်သည် သား/သမီးများ၏ "ခြေရှေ့မှာ မီးခွက်ဖြစ်၍၊ သူတို့ရဲ့လမ်းခရီးကို လင်းစေမည်" (ဆာလံကျမ်း ၁၁၉း၁၀၅)။

ထို့ကြောင့် မိဘများအားလုံး သားသမီးများအား စာတန် လိမ်၍မဖျက်ဆီးနိုင်ရန်၊ စုံလင်သောသူများဖြစ်စေရန် နှုတ်ကပတ်တော်ကိုသွန်သင်ပေးသော မိဘများဖြစ်ရန် ဘုရားသခင်ကောင်းကြီးပေးပါစေ။

❖ ရှုပါရုံကို ပြည့်စုံစေမယ့် အတတ်ပညာ

သုတ္တံကျမ်း ၂:၄-၆

ငွေကိုရှာတတ်သကဲ့သို့ ပညာကိုရှာ၍၊ ဝှက်ထား သောဘဏ္ဍာကို
စူးစမ်းတတ်သကဲ့သို့ ဉာဏ်ကို စူးစမ်း လျှင်ငှား၊
ထာဝရဘုရားကို ကြောက်သောသဘော၌ ကျင်လည်၍၊
ဘုရားသခင်ကိုသိသော ဉာဏ်နှင့်ပြည့်စုံ လိမ့်မည်။
အကြောင်းမူကား၊ ထာဝရဘုရားသည်ပညာကို ပေးတော်မူတတ်၏။
နားလည်နိုင်သော ဉာဏ်သည်
နှုတ်ကပတ်တော်အားဖြင့်သာဖြစ်တတ်၏။

ဤစာအုပ်ကို သင်ဖတ်ခြင်းအားဖြင့် မိဘတစ်ယောက်အနေဖြင့် ဘုရားသခင် သားသမီးများနဲ့ပတ်သက်ပြီး
ဘုရားပေးထားသောရှုပါရုံကို သိရန် အလွန်အရေးကြီးကြောင်းကို သိပြီလို့ ကျွန်မယုံကြည်တယ်။ မိဘတစ်ယောက်အနေနဲ့ ထိုရှုပါရုံများကို သိရုံသာမဟုတ်ဘဲ၊ ထိုရှုပါရုံများ ပြည့်စုံလာဖို့ရန်အတွက် လိုအပ်သော အတတ်ပညာ၊ အသိပညာ များ၊
ဝေရာဝိစ္စအဘက်ဘက်မှအတတ်နိုင်ဆုံးဖေးမကူညီပေးရန်လိုအပ်ပါ သည်။
ဥပမာ၊ အကယ်၍ မိမိသား/သမီး အပေါ်တွင် ဘုရားသခင် ထားသော ရှုပါရုံသည် နိုင်ငံတစ်ကာ အတော်ဆုံး ဆရာဝန်ဖြစ်လျှင်၊ မိဘများ မိမိသား/သမီးများ၏ အသက်တာတွင် ထိုရှုပါရုံ ပြည့်စုံလာရန်အတွက် ကျောင်းထားခြင်း စသဖြင့် လိုအပ်သော အတတ်ပညာများကို သင်ယူနိုင်ရန် အဘက်ဘက်မှ ဖြည့်ဆည်းပေးရန် လိုအပ်ပါသည်။ထိုနည်းတူ မိမိသား/သမီး အပေါ်တွင် ဘုရားသခင် ထားသောရှုပါရုံသည် နိုင်ငံတစ်ကာ လူမျိုးအားလုံးအတွက် ဘုရားကြီးမားစွာအသုံးပြုလိုပါက ချီးမွမ်းကိုးကွယ်ခြင်းကို ဦးဆောင်သော ခေါင်းဆောင်၊ ဂီတပညာရှင်

ဖြစ်ဖို့ရန် ချီးမွမ်းကိုးကွယ်ခြင်းနဲ့ ပတ်သက်၍ တတ်အပ်တင်သော၊ တေးဂီတ၊ အသံပိုင်းဆိုင်ရာ သီဆိုလေ့ကျင့်မှုများ တတ်နိုင်ပါက လိုအပ်သော သင်တန်းများသို့ ပို့ပေးဖို့ လိုအပ်ပါသည်။ မိမိကလေးများအတွက် ရှုပါရုံ ပြည့်မြောက်ဖို့ မိဘဘက်မှ ဖြည့်ဆည်းပေးဖို့လွယ်မည်တော့ မဟုတ်ပါ။ ပြုစုပျိုးထောင်ပေးဖို့ နည်းစနစ်သော်၎င်း၊ လိုအပ်သော အရည်အချင်း ပြည့်မြောက်ဖို့အတွက် ကြိုးစားအားထုတ်ဖို့တော့ လိုအပ်လိမ့်မည်။ ကျွန်မအကြံပေးလိုသည်မှာ မိမိကလေးများအတွက် စိတ်ဓာတ်တတ်ကြွသည့် အချိန်များတွင် အလုံးစုံသိပြီး ပညာဉာဏ်ကို ၎င်း၊ နားလည်နိုင်သော ဉာဏ်ကို၎င်း၊ ပေးစွမ်းနိုင်သော ဘုရားသခင်ဆီ ဆက်ကပ်အပ်နှံပြီး၊ လုံ့လ၊ ဝီရိယ၊ သမာဓိနှင့် မိမိကလေးအတွက် ကြိုးစားအားထုတ်ပါက ဘုရားသခင် အမွေအဖြစ်ပေးသော မိမိကလေးများသည် ပညာဉာဏ် အရည်အချင်းနှင့်ပြည့်ဝသော ဦးဆောင်သူ ကလေးများဖြစ်မည်မှာ ကန့်မလွဲတွေ့မြင်ရမည် ဖြစ်သည်။ အကြောင်းမှာ ကလေးများခွံ ထက်မြတ်သော ဦးနှောက်ပိုင်ဆိုင်ထားပြီး၊ ပြုစုစောင့်ရှောက်သူမှ နည်းလမ်းတကျ လေ့ကျင့်ပျိုးထောင်ပါက ကန်မုချ အောင်မြင်သော သူများဖြစ်မည်မှာ မလွဲပါ။

❖ ငယ်ရွယ်သောအချိန်မှ

သုတ္တံကျမ်း ၂၂း၆
သူငယ်သွားရာလမ်းဝ၌ ဆုံးမသွန်သင်လော့။ သို့ပြုလျှင်
သူသည်အိုသောအခါ ထိုလမ်းမှမလွဲ၊ လိုက်သွားလိမ့်မည်။

သားသမီးများအား နှုတ်ကပတ်တော်ကို သွန်သင်ခြင်း၊ ရှုပါရုံကိုပြည့်စုံစေမည့်အတတ်ပညာများကို မည်သည့်အရွယ်တွင် သွန်သင်ရမည်နည်းဟု သင်ဉ္ဆမေးခွန်းရှိလျှင်၊ ဤကျမ်းချက်အရ "သူငယ်" ၊ တစ်နည်းအားဖြင့် ငယ်ရွယ်သောအချိန်ကို ဆိုလိုသည်။

သုတေသန ရှာဖွေတွေ့ရှိချက်များအရ၊ ကိုယ်ဝန် ၁၈ ပတ်ခန့်တွင်၊ မိခင်၏ဝမ်း၌ရှိသော သန္ဓေသားသည် မိခင်ခန္ဓာကိုယ်တွင်းရှိ အသံများကို စတင်ကြားနိုင်ပြီး ၂၇ ပတ်မှ ၂၉ ပတ်အတွင်း (၆ လမှ ၇ လ) တွင် မိခင်၏ ခန္ဓာကိုယ်အပြင်ဘက်မှ အသံအချို့ ဖြစ်သော မိခင်/ဖခင်၏စကားပြောသံကို ကြားရနိုင်သည်။ သို့ဆိုလျှင် မိဘများသည် ကိုယ်ဝန်ဆောင်စဉ်ပင် စတင်၍ ချိုသာစွာစကားပြောခြင်း၊ ကျမ်းစာဖတ်ခြင်း၊ စသဖြင့်

စံနမူနာပြုခြင်းဖြင့် ဖွားမြင်လာမည့် ကလေးအတွက်
စတင်သင်ကြားပေးနိုင်သည်။

ထို့နောက် စကားမပြောနိုင်သေးသော ကလေးငယ်များကို
စံနမူနာပြုဖြစ်ခြင်းအားဖြင့် သော်၎င်း၊
စကားစပြောနိုင်သောကလေးငယ်များကို အသက်အရွယ်နှင့်အလိုက်
သင်ယူနိုင်သော နှုတ်ကပတ်တော်များ၊
လိုအပ်သောအတတ်ပညာများကို
သင်ကြားပေးရန်အလွန်အရေးကြီးသည်။

ဟန်ဂေရီ စိတ်ပညာရှင်၊ László Polgár သည်
မည်သည့်နယ်ပယ်တွင်မဆို ငယ်ရွယ်သောအချိန်မှ
အာရုံစိုက်လေ့ကျင့်ခြင်းဖြင့် ဉာဏ်ကြီးရှင်များ ဖြစ်နိုင်ကြောင်း
သက်သေပြရန် သူ၏ သမီး သုံးဦး Zsuzsa, Zsófia, Judit တို့နှင့်
စမ်းသပ်မှု ပြုလုပ်ခဲ့သည်။ သူ၏သမီးသုံးဦးကို
ငယ်ရွယ်သောအချိန်မှ စတင်ကာ စစ်တုရင်ပညာကို
သင်ကြားပေးခဲ့ကာ ကြီးလာသည့်အချိန်တွင် Polgar ညီအစ်မ ၃
ယောက်တို့သည် စစ်တုရင်ပြိုင်ပွဲတွင် ကမ္ဘာအဆင့်မှီ ရလဒ်များ
ရရှိခဲ့ကြသည်။

သမီးကြီး Zsuzsa သည် (၁၉၈၄ ခုနှစ်) သူမ အသက် ၁၅ နှစ်တွင် ကမ္ဘာ့အဆင့်ထိပ်တန်း အမျိုးသမီးစစ်တုရင်ကစားသမားဖြစ်လာခဲ့သည်။ သူမသည် (၁၉၈၆ ခုနှစ်တွင်) အမျိုးသားကမ္ဘာချန်ပီယံပြိုင်ပွဲအတွက် အရည်အချင်းပြည့်မီသော ပထမဆုံးအမျိုးသမီးဖြစ်ခဲ့သည်။ (၁၉၉၁ ခုနှစ်တွင်) ဂရင်းမာစတာဘွဲ့ကို ဆွတ်ခူးနိုင်ခဲ့သည်။ သူမသည် စစ်တုရင်သရဖူကို ဆွတ်ခူးသည့် သမိုင်းတစ်လျှောက် ပထမဆုံးသော အမျိုးသမီးဖြစ်လာခဲ့သည်။

ဒုတိယသမီး၊ Sofia Polgar သည် ကမ္ဘာပေါ်တွင် ဆဋ္ဌမမြောက် ထိပ်တန်း အမျိုးသမီး စစ်တုရင် ကစားသမား ဖြစ်လာခဲ့သည်။ သူမသည် အစ်မဖြစ်သူ Susan ကဲ့သို့သော ပြိုင်ပွဲများနှင့် ဆုတံဆိပ်များစွာကို ရရှိခဲ့သည်။ သူမ၏အခြားအောင်မြင်မှုများထဲတွင် Sofia သည် "Sack of Rome" ကြောင့်လူသိများသည်။

သမီးငယ် Judit သည် လူသိများသော Bobby Fischer မှ အစောပိုင်းတွင် စံချိန်တင်ထားသည့် အသက် ၁၅ နှစ်နှင့် ၄ လတွင်

ယောက်ျားမိန်းမများ ပါဝင်သည့် grandmaster ဘွဲ့ကို ရရှိရန် အစောဆုံးဖြစ်သည်။ အသက် ၁၂ နှစ်အရွယ်တွင် ထိပ်တန်းကစားသမား ၁၀၀ စာရင်းတွင် ပါဝင်နိုင်သည့် အသက်အငယ်ဆုံးကစားသမားဖြစ်ပြီး၊ ကမ္ဘာနံပါတ် (၁) နေရာကို အနိုင်ယူနိုင်သည့် တစ်ဦးတည်းသော အမျိုးသမီးဖြစ်သည်။

သား/သမီးများအပေါ်တွင် ဘုရားသခင်၏အလိုတော်နှင့်အညီ အောင်မြင်သော ဘဝရှေ့ရေး ပိုင်ဆိုင်နိုင်ဖို့ရန် နှုတ်ကပတ်တော်အားဖြင့် သော်၎င်း၊ László Polgár ကဲ့သို့ မိမိသား/သမီးများ ငယ်ရွယ်သည့် အချိန်မှစ၍ လိုအပ်သော အတတ်ပညာများကို သွန်သင်ပေးနိုင်သော မိဘများဖြစ်ရန် ဘုရားသခင်ကောင်းကြီးပေးပါစေ။

vi) ကောင်းကြီးပေးခြင်း

ဆုတောင်းပေးခြင်း နဲ့ ကောင်းကြီးပေးခြင်းကို လူတော်တော်များများ တူသည်ဟုထင်တတ်ကြသည်။ မိဘများသည် သားသမီးများအတွက် ဆုတောင်းပေးသကဲ့သို့ ကောင်းကြီးပေးရန်လဲလိုအပ်သည်။ ဆုတောင်းပေးခြင်းနှင့် ကောင်းကြီးပေးခြင်း၏ ကွာခြားချက်မှာ ဆုတောင်းပေးခြင်းသည် "လူတစ်စုံတစ်ဦးအတွက် ဘုရားသခင်ထံသို့ တစ်စုံတစ်ခုကို ကိုယ်စားပြုတောင်းခြင်းဖြစ်သည်"၊ သို့သော် ကောင်းကြီးပေးခြင်းသည် "လူတစ်စုံတစ်ဦး၏ အနာဂတ်နှင့် ပတ်သက်ပြီး ဘုရားသခင်၏ ကျေးဇူးတော်၊သနားခြင်းဂရုဏာ၊ တတ်စွမ်းနိုင်ခြင်းအပေါ်တွင် မှီခိုပြီး ကောင်းသောအရာများကို ထုတ်ပြောခြင်းဖြစ်တယ်"။ မိဘအများစုသည် သား/သမီးများအတွက် ဆုတောင်းပေးကြသော်လည်း၊ ကောင်းကြီးပေးရန်အလွန် ရှက်တတ်ကြသည်။ သား/သမီးများကို ကောင်းကြီးပေးခြင်းသည် အလွန်ကို အရေးကြီးသောကြောင့် မရှက်ကြောက်ဘဲ ကောင်းကြီးပေးရန်တိုက်တွန်းလိုပါသည်။

❖ ယာကုပ်၏အသက်တာ

ကျမ်းစာထဲတွင် သားသမီးများကို ကောင်းကြီးပေးသော မိဘများ မြောက်များစွာရှိသော်လည်း၊ အထူးသဖြင့် ဣဇာက် နှင့် ယာကုပ် တို့၏ အသက်တာတွင် သား/သမီးများကို ကောင်းကြီးပေးခြင်း၏ အကျိုးကို မြင်ရနိုင်သည်။ ဣဇာက်၏အသက်တာတွင် သူ၏သားဖြစ်သော ဧသောကိုကောင်းကြီးပေးရန် ပြင်ဆင်သော်လည်း၊ ယာကုပ်သည် သူ၏အစ်ကိုဖြစ်သော ဧသော၏ကောင်းကြီး ကို လုယူကြောင်းကို အားလုံးသိပြီးသားဖြစ်သည်။ ဧသောကို ကြောက်သောကြောင့် အိမ်မှ ထွက်ပြေးသော ယာကုပ် ၏ အသက်တာတွင် သူ၏ဖခင်ပေးသော ကောင်းကြီးမှလွဲ၍ အခြားပိုင်ဆိုင်သည့် အရာတစ်စုံတစ်ခုမှ မရှိပါ။ ထိုနောက်၊ သူ့ ယောက္ခမ လာဗန် ၏လိမ်လည်ခြင်းကြောင့် နှစ်ပေါင်းမြောက်မြားစွာ အစေခံခဲ့ရသော်လည်း၊ အချိန် တစ်ခုရောက်လာသည့်အခါတွင် သူ့ဖခင် ဣဇာက် ပေးသော ကောင်းကြီးသည် ယောသပ်၏အသက်တာတွင် အသက်ဝင်လာပြီး၊ အံ့သြဖွယ် ဉာဏ်ပညာဖြင့် အလွန်ကြွယ်ဝသောသူ တစ်ယောက်ဖြစ်လာခဲ့သည်။

ယာကုပ်၏ အသက်တာတွင် သူဖခင်ပေးသောကောင်းကြီး သည် အလွန်ကောင်းမြတ်ကြောင်းကို သူကိုယ်တိုင် ခံစားရသည်အခါ၊ သူ၏သား ၁၂ ယောက်လုံးကိုလည်း ကောင်းကြီးပေးခဲ့သည။ ထိုနောက် သူ၏မြေးနှစ်ယောက် မနာရှေနှင့် ဖေရိမ်တို့ကိုလဲ ကောင်းကြီးပေးခဲ့ ကြောင်းကို ကမ္ဘာဦးကျမ်းထဲတွင် ဖော်ပြထားသည်။

မိဘများ၏အသက်တာတွင်လဲ မိမိ သား/သမီးများကို စိတ်ထဲကနေသာ ကောင်းစေရုံသာမဟုတ်ပဲ နှုတ်မှပြောထွက်ပြီး မိမိသားသမီးများကို ကောင်းကြီးပေးရန် လိုအပ်ပါသည်။ သင့်နှုတ်မှထွက်သော ကောင်းကြီးပေးခြင်းသည် သင့်သား/သမီးများ၏ အသက်တာတွင် အံ့သြဖွယ် မရှိသေးတဲ့ အရာများ၊ မဖြစ်သေးသောအရာများ ကိုဖြစ်လာစေမည်။

❖ ယုဒ၏အသက်တာ

ကမ္ဘာဦးကျမ်း ၄၉း၈-၁၃

အိုယုဒ၊ သင်သည်ညီအစ်ကိုတို့ ချီးမွမ်းရသော သူဖြစ်၏။ သင်၏လက်သည် သင်၏ရန်သူလည်ပင်းပေါ်မှာ ရှိလိမ့်မည်။ အဘ၏သားတို့သည် သင့်ရှေ့မှာ ဦးညွှတ်ချကြလိမ့်မည်။ ယုဒသည် ခြင်္သေ့ပျို ဖြစ်၏။ ငါ့သား၊ သင်သည် ဘမ်းယူကိုက်စားရာမှ တက်လာတက်၏။ ဝပ်လျက် နေ၏။ ခြင်္သေ့ကွဲသို့၎င်း၊ ခြင်္သေ့မကွဲသို့၎င်း ဝပ်တွားတတ် ၏။ အဘယ်သူ နှိုးဆော်ဝံ့မည်နည်း။ ရှိလော မရောက်မီတိုင်အောင်၊ ရာဇလှံတံသည် ယုဒထံမှမငှင်း၊ မင်းအာဏာသည် သူ၏အမျိုး အနွယ်ထံမှမငှင်း မရွှေ့ရ။ ရှိလော၌ လူမျိုးတို့သည် ဆည်းကပ်ကြလိမ့်မည်။ မိမိမြည်းကို စပျစ်နွယ်ပင်၌၎င်း၊ မြည်းကလေးကို အမြတ်ဆုံးသော စပျစ်နွယ်ပင်၌၎င်း ချည်နှောင်၍၊ မိမိအဝတ်ပုဆိုးများကို စပျစ်သီးအသွေး တည်းဟူသော စပျစ်ရည်ဖြင့် လျော်လိမ့်မည်။ သူ၏မျက်စိသည် စပျစ်ရည်နှင့် နီလိမ့်မည်။ သွားသည်လည်း နို့နှင့်ဖြူလိမ့်မည်။

အမွန်မြတ်ဆုံးသော ဘုရားသခင်၏ အမွေဥစ္စာ

ဇာဗုလန်သည် ကမ်းနားမှာ နေ၍၊ သင်္ဘောဆိပ် ဖြစ်လိမ့်မည်။
သူ၏နယ်သည် ဇိဒုန်မြို့တိုင်အောင် ကျယ်ဝန်းလိမ့်မည်။

ယုဒ၏အသက်တာအား ကမ္ဘာဦးကျမ်း တွင်လေ့လာသောအခါတွင် သူသည် အဓိကဇာတ်ကောင်မဟုတ်ပေ။ ယုဒသည် ရှုအားအမည်ရှိသော ခါနာန်အမျိုးသား၏ သမီးနှင့်အိမ်ထောင်ဘက် ပြုလျက် သား ရေ၊ ဩနန်၊ ရှေလတို့ကို ဘွားမြင်လေ၏။ ထို့နောက် သားဦးရေကို ယုဒသည် တာမာအမည်ရှိသော သတို့သမီးနှင့် စုံလက်စေ၏။

ထာဝရဘုရားရှေ့တွင်ဆိုးသော ရေကို ထာဝရဘုရား ကွပ်မျက်ပြီးနောက်၊ ယုဒသည် ဩနန်အား တာမာနှင့်အိမ်ထောင်ဖက်ပြုစေပြီး၊ သူ၏အစ်ကိုအမျိုးကို ဆက်စေ၏။ သို့သော် ဩနန်သည် သူရမည့်ကလေးကို မိမိသားမမှတ်ဘဲ သူ့အစ်ကို့မျိုးနွယ်ဆက်စေမည်ကို မလိုလားသောကြောင့် ကလေးမရရန် အကြံကို ထာဝရဘုရား မနှစ်သက်သောကြောင့် ဩနန်ကို ကွပ်မျက်လေ၏။ သားငယ်ရှေလကိုမူ အစ်ကိုတို့သေသကဲ့သို့ သေမည်ဟု ယုဒသည်စိုးရိမ်သောကြောင့် တာမာအား အဘ၏အိမ် သို့နေစေ၏။

ကာလအတန်ကြာသောအခါ ယုဒအမျိုးသမီးလည်းသေပြီး၊ ယုဒသည် မိမိသို့မွေးညှပ်သောသူတို့ရှိရာ တိမနက်မြို့သို့ သွားသည်ကို တာမာကြားလျှင် မှတ်ဆိုးမအဝတ်ကို ချွတ်၍ မျက်နှာဖုံးနှင့် မျက်နှာကိုဖုံးလျက် လမ်းအနား၊ နိမ်မြို့တံခါးဝ၌ထိုင်နေလေ၏။ အကြောင်းမူကား၊ ရှေလကြီးသော်လည်း၊ မိမိနှင့် အိမ်ထောင်ဘက်မပြုရဟု သိမြင်သောကြောင့်တည်း။ မိမိမျက်နှာကိုဖုံး၍ နေသောတာမာကို ယုဒသည် ပြည်တန်ဆာ ဖြစ်သည်ဟု ထင်မှတ်သောကြောင့် တာမာတောင်းဆိုသည့် အတိုင်း သူ၏တံဆိပ်၊ စလွယ်၊ လက်စွဲတောင်ဝေးတို့ကို အပ်၍ တာမာထံသို့ ဝင်သဖြင့်၊ တာမာသည် ပဋိ သန္ဓေစွဲယူလေ၏။

ထို့နောက် ယုဒသည် သူ၏ ချွေးမ တာမာနှင့် သား ဖါရက်နှင့် ဇာရကိုဘွားမြင် ကြောင်းကို (ကမ္ဘာဦးကျမ်း- ၃၈) တွင်ဖတ်ရပါသည်။ ယုဒ၏ဇာတ်လမ်းသည် မလှပသော်လည်း၊ သူ၏ဖခင် ကောင်းကြီးပေးသည့်အတိုင်း သူသည် ကယ်တင်ရှင် ယေရှုခရစ်သော်၎င်း၊ ရှင်ဘုရင် ဒါဝိတ်နှင့်အတူ ရှင်ဘုရင်မြောက်များစွာ ဆင်းသက်ရာ မျိုးနွယ်ဖြစ်လာခဲ့သည်။ ဤသည်မှာ သူ့အဖေ ကောင်းကြီးပေးသော "မင်းအာဏာသည်

သူ၏အမျိုးအနွယ်ထဲမှဝင်း မရွှေရ" ဆိုသည့်အတိုင်း သူ့မျိုးနွယ်မှ အကျိုးခံစားခဲ့ရသည်။

❖ ယုံကြည်ခြင်းအားဖြင့်

နှုတ်ဖြင့်ပြောထွက်ပြီး မိမိသား/သမီးများကို ကောင်းကြီးပေးခြင်းအားဖြင့်၊ သား/သမီးများ၏ အသက်တာတွင် ယုံကြည်ခြင်းကို ဖြစ်စေရုံသာမက၊ ကောင်းကြီးပေးသော မိဘကိုယ်တိုင်ပင်လျှင် သား/သမီးများ အနာဂတ်နှင့် ပတ်သက်ပြီး ယုံကြည်ခြင်းကို တိုးပွားစေနိုင်သည်။

ဟေဗြဲသြဝါဒစာ ၁၁း၂၀-၂၁
ဣဇာက်သည်လည်း၊ ယုံကြည်ခြင်းအားဖြင့် အနာဂတ်အရာတို့ ကိုအမှတ်ပြု၍ ယာကုပ်နှင့်ဧသောကို ကောင်းကြီးပေး၏။
2 ယာကုပ်သည်လည်း၊ သေချိန်နီးသောအခါ ယုံကြည်ခြင်း အားဖြင့်ယောသပ်၏ သားနှစ်ယောက်ကို ကောင်းကြီးပေး၍၊ တောင်ဝေးထိပ်အပေါ်မှာ ကိုးကွယ်လေ၏။

ဟေဗြဲသြဝါဒစာ ၁၁:၁
ယုံကြည်ခြင်းသည် မျှော်လင့်သောအရာတို့ကို မျက်မှောက်ပြု
ခြင်းဖြစ်၏။ မမြင်သေးသော အရာတို့ကို
သိမှတ်စွဲလမ်းခြင်းအကြောင်းဖြစ်၏။

မျှော်လင့်သောအရာ နှင့် မမြင်သေးသော အရာသည် အနာဂတ်နှင့် သက်ဆိုင်သော အရာဖြစ်သည်။ ကျွန်မတို့၏အသက်တာတွင် တစ်စုံတစ်ယောက် (သို့) တစ်စုံတစ်ခု ကိုအမြဲတမ်း ယုံကြည်ဖို့ရန်လိုအပ်သည်။ ဥပမာ စားသောက်ဆိုင်တစ်ခု သွားသည့် အချိန်တွင် ထိုစားသောက်ဆိုင်၏စားဖိုမှူးသည် အစားအစာများတွင် အဆိပ်မခတ်ပါဟု ယုံကြည်သောကြောင့် ထိုအစားအစာများကို စားကြတာဖြစ်သည်။ ထိုနည်းတူ မိမိတို့၏ဘဏ္ဍာကိုလဲ ဘဏ်ထဲတွင် ထားသည့်အခါ၊ ထိုဘဏ်ကို ယုံကြည်သောကြောင့် ထားတတ်ကြသည်။ နေ့ရက်တိုင်း ယုံကြည်ခြင်းဖြင့် ဆုံးဖြတ်ချက်များကိုချရကြသည်။
ထိုနည်းတူစွာ၊ သား/သမီးများကို
ကောင်းကြီးပေးသည့်အချိန်တွင်လည်း၊

အမွန်မြတ်ဆုံးသော ဘုရားသခင်၏ အမွေဥစ္စာ

ဘုရားသခင်၏ကောင်းမြတ်ခြင်း၊ တတ်စွမ်းနိုင်ခြင်း၊ ချစ်ခြင်းမေတ္တာကို အခြေခံပြီး သား/သမီးများ၏အနာဂတ်ကို နှုတ်ဖြင့်ဝန်ခံခြင်းဖြစ်သည်။ သင်သည် တစ်ခါမှမမြင်ဘူးသော စားဖို့မှူးနှင့် ဘဏ်များကိုပင် ယုံကြည်ရဲလျှင် သင့်သား/သမီးများကို သင့်ထက်ချစ်သော ဘုရားသခင်မှ သင့်သား/သမီးများအား ဤလောက၏ကဏ္ဍတိုင်းတွင် အမြီးမဖြစ်စေဘဲ ဦးခေါင်းဖြစ်သောထိပ်ဆုံးတွင် ထားမည်ဟု ယုံကြည်ခြင်းမရှိနိုင်စရာ အကြောင်းမရှိပေ။

အပိုင်း ၃ - မိဘများ သတိထားသင့်သည့်အချက်များ

i) မတူညီသောချစ်ခြင်းမေတ္တာ

မိဘတိုင်း မိမိသား/သမီးများ တစ်ယောက်နှင့်တစ်ယောက် ချစ်ချစ်ခင်ခင်နေရန် အလိုရှိကြသည်။ အလွန်ချစ်ပြီး၊ စည်းလုံးသော ညီအစ်ကိုမောင်နှမများကိုမိဘများ တင်မက သူတစ်ပါး၏အမြင်တွင် အလွန်ပင်တင့်တယ်ပြီး၊ အခြားသူများကိုလည်း အလားတူလုပ်ဆောင်ရန် လှုံ့ဆော်ပေးသည်။

❖ **အမုန်းပွားစေနိုင်**

သို့သော်လည်း မိဘများ၏လုပ်ရပ်များကြောင့် သား/သမီးများ တစ်ယောက်နှင့်တစ်ယောက် အမုန်းပွားစေနိုင်သည်။ ထိုသို့မဖြစ်ရန် မိဘများမှ သတိထားသင့်သည် အချက်မှာ အထူးသဖြင့် သား/သမီးတစ်ယောက်ထက်ပို၍ရှိသောမိဘများ၊ မိမိသား/သမီးများကို တန်းတူသောချစ်ခြင်းနဲ့ ချစ်ဖို့ရန် အလွန်အရေးကြီးသည်။ တစ်ခါတစ်လေ မိဘများသည် သမီးအများကြီးရှိပြီး

သားလေးတစ်ယောက်တည်း ရှိသည့်အချိန်တွင် (သို့)
သားအများကြီးရှိပြီး သမီးလေးတစ်ယောက်
တည်းရှိသည့်အချိန်တွင် ထို သားလေး/သမီးလေးကိုသာ
ပို၍ချစ်တတ်ကြသည်။ ထိုကဲ့သို့ မတူညီသော ချစ်ခြင်းမေတ္တာ
ကြောင့် သား/သမီးများအချင်းချင်း အမုန်းပွားစေနိုင်သည်။

ကမ္ဘာဦးကျမ်း ၃၇း၃-၄
*ဣသရေလသည် အသက်ကြီးစဉ်အခါသား ယောသပ်ကို
ရသောကြောင့်၊ အခြားသော သားအပေါင်း တို့ကို ချစ်သည်ထက်
ယောသပ်ကို သာ၍ချစ်၏။ အဆင်းအရောင်ထူးခြားသော အင်္ကျီကို
ချုပ်၍ ပေး၏။
အဘသည် မိမိသားအပေါင်းတို့တွင်၊ ယောသပ် ကိုသာ၍
ချစ်ကြောင်းကို၊ အစ်ကိုတို့သည် သိမြင်သော အခါ၊ သူ့ကိုမုန်း၍
မေတ္တာစကားကို သူ့အား မပြော နိုင်ကြ။*

ဣသရေလဟု နာမည်ပြောင်းခြင်းကို ခံရသော
ယာကုပ်၏အသက်တာတွင် အသက်ကြီးမှ ရသောသား ယောသပ်ကို
အခြားသားများထက် သာ၍ချစ်သောကြောင့် သူ၏အစ်ကိုများသည်

ယောသပ်ကိုမုန်းရုံသာမက မေတ္တာစကား မပြောနိုင်ကြောင်းကို ကျမ်းစာထဲမှာတွေ့မြင်နိုင်သည်။ အစ်ကိုများ၏ မုန်းခြင်းကိုခံရတဲ့ ယောသပ်အသက်တာတွင် ဘုရားသခင်သူ့အပေါ်ထားသောရှုပါရုံသည် ကွယ်ပျောက်၍မသွားပါ။ သို့သော်လည်း ယောသပ်သည် သူ့အဘ၏သာ၍ချစ်ခြင်းကို ခံရသောကြောင့် သူ့အစ်ကိုများ၏မုန်းခြင်း၊ သူ့ကိုရောင်းစားခြင်း၊ အမျိုးမျိုးသော ဒုက္ခကိုယောသပ်ခံရသည်။

သက်သေခံချက် ။ ။ ကျွန်မဖခင်၏အသက်တာကို ပြန်လည် ဆင်ခြင်လိုက်တဲ့အချိန်တိုင်း အဖေသည် အလွန်ကောင်းသော ဖခင်တစ်ဦး ဖြစ်သည်ကို ကျွန်မသာ၍နားလည်လာသည်။ ကျွန်မငယ်ရွယ်သည့်အချိန်၌ အဖေသည်ခရစ်တော်၌အိပ်ပျော်ပြီး၊ အမေ၏ပြုစုမှုအောက်တွင် ကြီးပြင်းလာခဲ့သည်။ အဖေ၏အကြောင်းများကို ကျွန်မ၌ အများကြီးပြောစရာမရှိသော်လည်း၊ အဖေ့အချစ်ဆုံးသမီးသည် ကျွန်မဖြစ်သည်ဟု ကျွန်မခံစားရသည်။ ထိုနည်းတူစွာ ကျွန်မညီမသည်လည်း အဖေ၏အချစ်ဆုံးသမီးသည်

အမွန်မြတ်ဆုံးသော ဘုရားသခင်၏ အမွေဥစ္စာ

သူဖြစ်သည်ဟုပြောလေ့ရှိသည်။ ကျွှတူညီသော အဖြေကို ကျွန်မတွေးတိုင်း၊ အဖေသည် ဖခင်တစ်ယောက်၏တာဝန်ကို အလွန်ကျေပွန်သောသူဖြစ်ကြောင်းကို ပိုပိုပြီးနားလည်လာသည်။ သင်သည် မိခင်ကောင်း/ ဖခင်ကောင်းတစ်ယောက် ဖြစ်မဖြစ် သိလိုလျှင် သင့်သား/သမီးများအားလုံးကို သင်၏အချစ်ဆုံးသည် အဘယ်သူနည်းဟုမေးပြီး သား/သမီးများအားလုံး ကျွန်တော်/ကျွန်မဟု ဖြေခဲ့လျှင် ကျွန်မ သင့်ကိုလက်ခုပ်တီးပြီးဂုဏ်ပြုပါရစေ။ ထိုအဖြေများအားဖြင့် မိဘဖြစ်သော သင်ဟာ သင်၏သားသမီးအားလုံးကို ထပ်တူညီမျှချစ်ကြောင်း သက်သေဖြစ်၏။

မိဘတစ်ယောက်အနေနဲ့မိမိရဲ့သားသမီးများအားတစ်ယောက်နဲ့တစ် ယောက် စည်းစည်းလုံးလုံး ချစ်ချစ်ခင်ခင်နဲ့ နေစေချင်တယ်ဆိုရင် သားသမီးများအားလုံးကို တူညီတဲ့ချစ်ခြင်းမေတ္တာနဲ့ ချစ်သောသူများဖြစ်ကြဖို့ အယောက်ဆီတိုင်းကို ဘုရားသခင်ကောင်းကြီးပေးပါစေ။

ii) ပထမပညတ် ကိုသတိပြုခြင်း

❖ **ပထမပညတ်**

မိဘဖြစ်သောသင့်အသက်တာတွင် သင့်၏ခင်ပွန်းသည်ထက်၊ သင်ရဲ့ဇနီးသည်ထက်၊ သင်၏သားသမီးများအားလုံးထက် ဘုရားသခင် ထာဝရဘုရားကို အရင်ချစ်ဖို့ရန်အတွက်လိုအပ်သည်။ ဤပညတ်သည် ပဌမပညတ်လဲဖြစ်၏။

ရှင်မဿဲခရစ်ဝင် ၂၂:၃၆-၃၈

အရှင်ဘုရား၊ ပညတ္တိကျမ်း၌ အဘယ်မည်သော ပညတ်သည်သာ၍ ကြီးသနည်းဟု မေးလျှောက်သော်၊ ယေရှုက၊ သင်၏ဘုရားသခင် ထာဝရဘုရားကို စိတ်နှလုံးအကြွင်းမဲ့ဉာဏ်ရှိသမျှနှင့် ချစ်လော့၊ ဟူသော ပညတ်သည် ပဌမပညတ်ဖြစ်၏။ ကြီးမြတ်သော ပညတ်လည်းဖြစ်၏။

မိဘဖြစ်သော သင်သည် ဘုရားသခင်ကို ချစ်သောသူဖြစ်ရုံသာမက မိမိသား/သမီးများအားလဲ ဘုရားသခင်ကိုချစ်တတ်အောင်

အမွန်မြတ်ဆုံးသော ဘုရားသခင်၏ အမွေဥစ္စာ

သင်ပေးသောသူများ၊ ပထမပညတ်ကို လိုက်နာသောသူများဖြစ်ရန် အလွန်အရေးကြီးသည်။

ရှင်ယောဟန်သြဝါဒစာပဌမစောင် ၅း၃
ပညတ်တော်တို့ကို စောင့်ခြင်းအရာသည်
ဘုရားသခင်ကိုချစ်ရာရောက်၏။

ဘုရားသခင်ကို ချစ်သောသူများအတွက် ဘုရားသခင် ပြင်ဆင်ပေးသောအရာသည် အလွန်ပင် ကောင်းမြတ်သည်။ ထိုအရာတို့ကို လူမျက်စိဖြင့်မမြင်၊ နားဖြင့်မကြား၊ စိတ်နှလုံးနှင့် မကြံစည်သေး။ ထိုအရာတို့ကိုလည်း ဝိညာဉ်တော်အားဖြင့် ဖော်ပြတော်မူသည်။

ကောရိန္သုသြဝါဒစာပဌမစောင် ၂း၉-၁၀
ကျမ်းစာလာသည်နှင့်အညီ၊ ဘုရားသခင်ကို ချစ်သော သူတို့အဘို့အလိုငှာ၊ ဘုရားသခင်ပြင်ဆင်တော် မူသော အရာတို့ကို လူမျက်စိဖြင့်မမြင်၊ နားဖြင့်မကြား၊ စိတ်နှလုံးဖြင့် မကြံစည်သေး။

အမွန်မြတ်ဆုံးသော ဘုရားသခင်၏ အမွေဥစ္စာ

ထိုအရာတို့ကို ဘုရားသခင်သည် မိမိဝိညာဉ်တော်အားဖြင့် ငါတို့အားဘော်ပြတော်မူ၏။ ဝိညာဉ်တော် သည် ဘုရားသခင်၏ နက်နဲသော အရာတိုင်အောင် ခပ်သိမ်းသော အရာတို့ကိုစစ်တော်မူ၏။

ကျွန်မ၏အသက်တာတွင် တစ်ခါမှ ကိုယ့်ကိုကိုယ့် စာရေးဆရာမဖြစ်လာမယ်လို့ မစဉ်းစားသလို စိတ်နှလုံးဖြင့်လည်း မကြံစည် ခဲ့ဖူးဘူးပါ။ သို့သော် ကျွန်မ Nambucca တွင်ရှိသော အစိုးရကျောင်းတစ်ကျောင်း၌ လက်တွေ့ဆင်းပြီး၊ September ၈ ရက်နေ့၊ ၂၀၂၃, ကျွန်မနှင့် ကျွန်မ၏လက်ဦးဆရာတို့သည် recess duty လုပ်နေရင်း ကလေးများဆော့/ကစားနေသည်ကို ကြည့်နေစဉ် ကျွန်မ၏ စိတ်ထဲတွင် ကလေးများနဲ့ပတ်သက်ပြီး စာအုပ်ရေးရန် ဘုရားနှိုးဆော်လာသည်။ ထိုအချိန်တွင် ကျွန်မ မိမိကိုယ်မိမိ သံသယဖြစ်ခဲ့မိသည်။ ကျွန်မ၏ ဖုန်းထဲတွင် ဤနှိုးဆော်ချက်လေးအား မှတ်သားပြီး၊ သိမ်းထားခဲ့သည်။ ထိုနောက် ဤဖွင့်ပြချက်နှင့်ပတ်သက်၍ ကျွန်မဆုတောင်းခဲ့သည်။ ကျွန်မဘုရားထံမှ ဆုတောင်းပြီး သက်သေတောင်းခဲ့သည် "ကိုယ်တော် ဒီဖွင့်ပြချက်က ဘုရားဆီကနေလာတယ်ဆိုရင်

သက်သေပေးပါလို့"။ ဒါနဲ့ December လတွင်ကျွန်မ ပုံမှန်အလုပ်မှ ၃ပတ် အလုပ်နားခဲ့သည်။ ဤနားရက်များတွင် ပြီးခဲ့သော နှစ်များတွင်မူ ကျွန်မ တခြားနေရာတွင် အလုပ်လုပ်လေ့ရှိသည်။ သို့သော် ကျွန်မ သက်သေတောင်း သောကြောင့် ဒီနှစ်တွင် ကျွန်မအား ဒုတိယအလုပ် မှလုံးဝ မခေါ် ခဲ့ပေ။ ထို့ကြောင့် ဤ၃ပတ်တွင် ကျွန်မ စာအုပ် ကို ယုံကြည်ခြင်းဖြင့်စတင် ရေးခဲ့သည်။ ဘုရားက ကျွန်မကို ဘာမြင်စေလဲဆိုတော့ အလုပ်နားသည့် ထိုသုံးပတ်အတွင်း စာအုပ်ရေးသည့် အချိန်တွင်လဲ ကျွန်မကို ဝင်ငွေရရှိအောင် ထောက်ပံ့ထားပေးခြင်းဖြစ်သည်။ ကျွန်မဒီသက်သေခံချက်လေးကို ရေးရသည်အကြောင်းအရင်းမှာ ဘုရားသခင်ကို ချစ်သော ကျွန်မ၏အသက်တာတွင်၊ ဘုရားသခင်သည် ကျွန်မကို လူမျက်စိဖြင့်မမြင်၊ နားဖြင့်မကြား၊ စိတ်နှလုံးဖြင့် မကြံစည်သေးတဲ့ အရာများကိုဖွင့်ပြသည်။ ဒီနေ့ ဤစာအုပ်လေးကို သင်ဖတ်နေနိုင်ခြင်းသည် ကျွန်မ၏တော်ခြင်း၊တတ်ခြင်း မဟုတ်ဘဲ ဘုရားသခင်၏အံ့ဩဖွယ် ဖွင့်ပြခြင်းကြောင့်သာဖြစ်သည်။ ကျွန်မ အားပေးချင်သည့်အရာမှာ ကျွန်မတို့အားလုံး ဘုရားသခင်ကို ချစ်ကြရအောင်။

ရောမသြဝါဒစာ ၅း၈

ဘုရားသခင်ကို ချစ်သောသူတည်းဟူသော ကြံစည်တော်မူခြင်းအတိုင်း ခေါ်တော်မူသောသူတို့၏ အကျိုးကို ခပ်သိမ်းသောအရာတို့သည် တညီတညွတ်တည်း ပြုစုကြသည်ကို ငါတို့သိကြ၏။

❖ အာဗြဟံ၏အသက်တာ

ဘုရားသခင်သည်အာဗြဟံကိုစုံစမ်းခြင်းငှါအာဗြဟံ၌ရှိသောတစ်ဦးတည်းသောသား ဣဇာက်အား မောရိပြည်သို့ယူပြီး ပြလတံ့သောတောင်ပေါ်သို့ ဣဇာက်ကိုမီးရှို့ရာယဇ်ပြု၍ပူဇော်ရန်မိန့်တော်မူသည်။ ထိုအခါအာဗြဟံသည် သူ၏တစ်ဦးတည်းသောသားနှင့် ငယ်သားနှစ်ယောက်ကိုခေါ်၍ နံနက်စောစောဘုရားသခင်မိန့်တော်မူသောအရပ်သို့ထွားလေ၏။ သို့သော်လည်း၊ အာဗြဟံသည် လက်ကိုဆန့်၍ သားကိုသတ်ခြင်းငှါ ထားကို ယူသည့်အချိန်တွင် ထာဝရဘုရားသခင်၏ကောင်းကင်တမန်က အားဗြဟံဟုခေါ်၍

111

ဆီးတားရဲ့သာမက အာဗြဟံလိုအပ်သော ယဇ်ဖို့ သိုးကိုပင် ပြင်ဆင်ပေးသည်။ အာဗြဟံ၏အသက်တာတွင် သား ဣဇာက်ကို သူအသက်ကြီးသောအချိန်၌ ရရှိသောကလေးဖြစ်ရုံသာမက သူ၏တစ်ဦးတည်းသောသားလည်းဖြစ်သည်။ သို့သော်လည်း ဘုရားသခင် သူ၏သားကိုယဇ်ပူဇော်ရန် တောင်းသည့်အချိန်တွင် သူမငြင်းဆန်ပဲပူဇော်ဖို့ရန် ပြင်ဆင်ခဲ့သည်။ ထာဝရဘုရားကို သူ့သားထက်ရွေးချယ်ခဲ့သော အာဗြဟံကိုဘုရားသခင် ကောင်းကြီးပေးသည်။

ကမ္ဘာဦးကျမ်း ၂၂:၁၆-၁၈
သင်သည် ငါ၏အမှုကိုပြု၍၊ သင်၏သားသင်၌ တယောက်တည်းသောသားကို, ငါ့အား မငြင်း သောကြောင့်, ငါသည် သင့်အား အစဉ်အမြဲကောင်းကြီး ပေးမည်။ သင်၏အမျိုးအနွယ်ကိုလည်း ကောင်းကင် ကြယ်ကဲ့သို့၎င်း, သမုဒ္ဒရာသဲလုံးကဲ့သို့၎င်း, အစဉ်အမြဲ ပွားများစေမည်။ သင်၏အမျိုးအနွယ်သည် ရန်သူတို့၏ မြို့တံခါးများကို အစိုးရလိမ့်မည်။ သင်၏အမျိုးအနွယ်အားဖြင့်, လူမျိုးပေါင်း တို့သည်

ကောင်းကြီးမင်္ဂလာကို ခံရကြလိမ့်မည်ဟု ငါ၏ စကားကို သင်နားထောင်သောကြောင့်၊ ငါသည်ကိုယ်ကို ကိုယ်တိုင်တည်၍ ကျိန်ဆို၏ဟု ထာဝရဘုရား၏ အမိန့် တော်ကို ဆင့်ဆိုလေ၏။

❖ ဟန္နာ၏အသက်တာ

ဟန္နသည် လေကာနဟုအမည်ရှိသော ရာမသိမ်ဇုဖိမ်မြို့၌နေသော သူ၏မယားဖြစ်သည်။ လေကာနသည် သူ၏မယား ပေနိန္နနှင့်ရသောသားသမီးများရှိသော်လည်း၊ ဟန္နနှင့်မူကား ဘုရားသခင်မှ သားဘွားသောအခွင့်ကိုပေးတော်မမူ။ ထိုကြောင့် နှစ်စဉ်မပြတ် ထာဝရဘုရား၏အိမ်တော်သို့ သွားသောအခါ၊ ဟန္န စိတ်ဆိုးညစ်အောင် ရန်သူသည် အလွန်နှောင့်ယှက်တတ်သောကြောင့် ဟန္နသည် အစာမစားနိုင် ငိုလျက်နေတတ်၏။ တစ်နေ့ ရှိလောမြို့၌အစာစားသောက်ကြပြီးနောက်၊ ယဇ်ပုရောဟိတ် လေိသည် ထာဝရဘုရား၏ အိမ်တော် တိုင်နားမှာ ထိုင်စဉ်၊ ဟန္နသည် ညှိုးငယ်သောစိတ်နှင့် ထ၍၊ မျက်ရည်များစွာကျလျက် ထာဝရဘုရားကို ဆုတောင်းသည် မှာ

ဓမ္မရာဇဝင်ပဉ္စမစောင် ၁း၁၁

"အို ကောင်းကင် ဗိုလ်ခြေအရှင်ထာဝရဘုရား၊ ကိုယ်တော်၏ ကျွန်မကို မေ့လျော့တော်မမူဘဲ၊ ကိုယ်တော် ကျွန်မ၏ ဆင်းရဲခြင်းကို ကြည့်ရှုအောက်မေ့သဖြင့်၊ သားယောက်ျားကို ပေးသနားတော်မူလျှင်၊ သူ၏ ဆံပင်ရိတ်ခြင်းကို အလျှင်းမပြု။ တသက်လုံး ထာဝရဘုရား၏ ကျွန်ဖြစ်စေခြင်းငှါ ကျွန်မအပ်ပါ မည်ဟု သစ္စာဂတိပြုလေ၏။''

ဟန္နသည်အလွန်ညိုးငယ်သောကြောင့်စိတ်နှလုံးနှင့်ဆုတောင်း၍နှုတ် ခမ်းလှုပ်သော်လည်း အသံမထွက်။ ထို့ကြောင့် ဧလိသည် ဟန္နအားစပျစ်ရည်နှင့် ယစ်မူးသည်ဟုထင်လေ၏။ ဟန္နသည် ဧလိအား စပျစ်ရည် နှင့် သေရည်သေရက်ကို မသောက်ပါ၊ ထာဝရဘုရားရှေ့တော်၌ စိတ်နှလုံးသွင်းလျက်နေကြောင်းကို ဧလိအားပြောလေ၏။ ဧလိကလည်း ငြိမ်ဝပ်စွာသွားလော့ သင်ဆုတောင်းသည့်အတိုင်း ဣသရေလအမျိုး၏ ဘုရားသခင် ပေးသနားတော် မူပါစေသောဟု မြွက်ဆို၏။ ဧလိဆိုသည့်အတိုင်း ဟန္နသည် အချိန်ကာလစေ့သောအခါ ပဋိသန္ဓေယူ၍သားယောက်ျားကို ဘွားမြင်ပြီးလျှင်၊ ထိုသားကို

ထာဝရဘုရားထံ၌ ဆုတောင်းခြင်းမှ ရရှိသောကြောင့်၊ ရှမွေလအမည်ဖြင့် မှည့်လေ၏။ ရှမွေလသည်နို့ကွာပြီး အသက်သုံးနှစ်ရှိသောအခါ သူငယ်ကို လေဝိထံသို့ သွင်းလေ၏။

ဓမ္မရာဇဝင်ပဌမစောင် ၁း၂၈

ထိုကြောင့် ကျွန်မသည် သူ့ကို ထာဝရဘုရားအား ငှါးပါပြီ။ သူသည် တသက်လုံး ထာဝရဘုရားထံ တော်၌ အငှါးခံ၍ နေရပါမည်သခင်ဟု လျှောက်ပြီးမှ၊ ထိုအရပ်၌ ထာဝရဘုရားကို ကိုးကွယ်ကြ၏။

ဟန္နသည်သူ၌ရှိသောတစ်ဦးတည်းသောသားကို ထာဝရဘုရားအား တသက်လုံးအငှါးခံသောအခါ၊ ဟန္နကို ဘုရားသခင် အကြည့်အရှုကြွတော်မူသဖြင့် သားသုံးယောက်၊ သမီးနှစ်ယောက်တို့ကို ဘွားမြင်လေ၏။ ထိုမျှမက ရှမွေလသည်လဲ ထာဝရဘုရားရှေ့တော်၌ကြီးပွါး၍ ဘုရားသခင်၏အမှုတော် ဆောင်ရုံသာမက *မိဇပါမြို့၌ ဣသရေလအမျိုးသားတရားမှု့တို့ကို စစ်ကြောစီရင်လေ၏။ (ဓမ္မရာဇဝင်ပဌမစောင် ၇း၆)။*

ဟန္နသည် သားရှမွေလကို အလွန်ချစ်သော်လည်း ဘုရားသခင်ကို ငှါးလိုက်သည်အချိန်တွင် ဘုရားသခင် ဟန္နကို

သားသမီးများကိုထပ်ပေးရုံသာမက ရှမွေလ၏အသက်တာတွင်လဲ ဘုရားကြီးမားစွာအသုံးပြုသောသူဖြစ်လာကြောင်းကို ကျမ်းစာထဲတွင် မြင်ရသည်။ တစ်ခါတစ်လေမှာ ယုံကြည်သူတစ်ချို့က မိမိသားသမီး နဲ့ပတ်သက်ရင်ဘုရားသခင်ကို မပေးချင်ကြဘူး။ ဘုရားရဲ့နိုင်ငံတော်မှာ ဘယ်နေရာမှာဆက်ကပ်ဖို့လိုအပ်သလဲ။ ပန်းကန်ဆေးတဲ့နေရာလား၊ အမှိုက်ကောက်တဲ့နေရာမှာလား၊ ဖုန်ဆုပ်တဲ့နေရာမှာလား၊ ဂီတတူရိယာတီးခတ်ခြင်းလား၊ ဝေံဂေလိဝေငှတဲ့နေရာမှာလား၊ဘုရားသခင်ရဲ့နိုင်ငံတော် အတွက်လိုအပ်တဲ့နေရာမှာ ကျွန်မတို့ရဲ့သားသမီးများကို ဘုရားသခင်အား ပေးရအောင်။

ဘုရားသခင်ကို မိမိသား/သမီးများထက် ပို၍ချစ်ခြင်းသည် ပဌမပညတ် ဖြစ်ရုံသာမက၊ မိမိအတွက်သာမကမိမိသားသမီးအတွက် အထူးကောင်းကြီးရစေနိုင်မည်။ ပထမပညတ်ဖြစ်သော ဘုရားသခင် ထာဝရဘုရားကို စိတ်နှလုံးအကြွင်းမဲ့ ညာဏ်ရှိသမျှနှင့် ချစ်သောသူများဖြစ်ဖို့ရန်အတွက် ဘုရားသခင်အယောက်ဆီတိုင်း အပေါ်တွင် ကောင်းကြီးပေးပါစေ။

iii) နှုတ်ကို သတိပြုခြင်း

လူတိုင်း အသက်ဘေးအန္တရာယ် ကြုံနိုင်သောအရာများကို အလွန်သတိထားတတ်ကြသည်။ ဥပမာ ယာဉ်များသည် တစ်နေရာမှတစ်နေရာသို့သွားရန်အလွန် အရေးပါသော်လည်း၊ သတိမပြုမိလျှင် အသက်ပါ သေစေနိုင်သောကြောင့် အစိုးရမှ ယာဉ်မောင်းသူများအတွက် လိုက်နာရန် စည်းကမ်းများ ထုတ်ထားသည်။ ထိုနည်းတူ COVID 19 ကပ်ရောဂါကြောင့် လူမြောက်များစွာ အသက်ဆုံးရှုံးသောကြောင့် တိုးတက်သောနိုင်ငံတွင် အစိုးရမှ ကာကွယ်ဆေးထိုးရန်တိုက်တွန်းရုံသာမက၊ အချိန်အတိုင်းအတာအရ အချို့သောနေရာတွင် lockdown (အပြင်မထွက်ခိုင်းခြင်း) ချခံရခြင်းများလည်း ဖြစ်ခဲ့သည်။ တစ်နည်းအားဖြင့် လူတိုင်း သေခြင်းကိုအစိုးရသော (သို့) သေခြင်းကိုဖြစ်စေနိုင်သောအရာနှင့် ပတ်သက်၍ အားလုံးသတိထားတတ်ကြသည်။ ကျမ်းစာထဲတွင်လည်း သေစေနိုင်သော အဆိပ်အတောက်နှင့်ပြည့်စုံသော အရာ၊ သေခြင်းနှင့်ရှင်ခြင်းကို အစိုးရသောအရာကို ဖော်ပြထားပါသည်။

❖ အသက်သေခြင်းနှင့် ရှင်ခြင်း

သုတ္တံကျမ်း ၁၈း၂၁
လျှာသည်အသက်သေခြင်းနှင့် ရှင်ခြင်းကို အစိုးရ ၏။ လျှာကို
နှစ်သက်သောသူသည်လည်း၊ လျှာ၏အသီးကို စားရ၏။

ရှင်ယာကုပ်ဩဝါဒစာ ၃း၈
လျှာကိုကား၊ အဘယ်လူမဆိုမအောင်နိုင်၊ မဆုံးမနိုင်သော
အဆိုးအညစ်ဖြစ်၏။ သေစေတတ်သော
အဆိပ်အတောက်နှင့်ပြည့်စုံ၏။

ဤကျမ်းချက်များအရ ကျွန်မတို့၏လျှာသည်
မည်မျှအရေးကြီးသည်ကို ဖော်ပြထားသည်။
လျှာအားဖြင့်ထွက်သော စကားလုံးသည် သူတစ်ပါးအတွက်
ကြည်နူးနှစ်သက်ဖွယ်သော အစွမ်းကို ပေးနိုင်သလို၊ အသက်ကိုပင်
ဘေးဥပဒေသို့ သင့်ရောက်စေနိုင်သည်။ ဤမျှမက
အစွမ်းရှိသောလျှာကို သင့်တော်သော စကားလုံးများတွင်
အသုံးပြုတတ်ဖို့ အလွန်အရေးကြီးပါသည်။
သားသမီးများအတွက်အလွန်တန်ဖိုးရှိသော မိဘများ

နှုတ်မှပြောသည့်အရာများအားလုံးသည်
သား/သမီးများ၏အသက်တာတွင်
သူတစ်ပါးပြောသည့်အရာထက်သာ၍ ထိရောက်မှုရှိသည်။
ထို့ကြောင့် ဘုရားသခင် မိမိအားပေးသနားတော်မူသော
အမွေများဖြစ်သော မိမိ၏ သား/သမီးများနှင့် ပတ်သက်၍
မိမိလျှာကို သတိထားသောသူများ ဖြစ်ကြရန် တိုက်တွန်းလိုပါသည်။

❖ **နှုတ်၏အသီး**

သုတ္တံကျမ်း ၁၃း၂-၃
လူသည် မိမိနှုတ်၏အသီးတည်းဟူသော ကောင်းသောအရာကို
စားရ၏။ ပြစ်မှားတတ်သော သူမူကား၊
ညှဉ်းဆဲခြင်းအပြစ်၏အသီးကို စားရ၏။
မိမိနှုတ်ကိုစောင့်သောသူသည် မိမိအသက်ကို စောင့်၏။ မိမိနှုတ်ကို
ကျယ်ကျယ်ဖွင့်သောသူမူကား၊ ပျက်စီးခြင်းသို့ရောက်တတ်၏။

အသီးဟုပြောရာတွင် ကျွန်မ ချက်ခြင်းစဉ်းစားမိသည် အရာမှာ
အပင်တစ်ပင်မှ သီးသောအသီးကို စဉ်းစားမိသည်။ သင်သည်

သရက်သီးပင်ကိုစိုက်ခဲ့လျှင် အချိန်တစ်ခုရောက်လာသည့် အခါ၊ ထိုသရက်ပင်သည် ကြီးထွားလာပြီး သရက်သီး သီးလာမည်။ သို့သော်လည်း၊ သရက်ပင် မဟုတ်ဘဲ အုန်းပင်ကို စိုက်ခဲ့လျှင် အချိန်တစ်ခုရောက်လာသောအခါ၊ ထိုအုန်းပင်သည် အုန်းသီးများသီးလာပြီး၊ အုန်းသီးကို သင်စားရမည်။ ထိုနည်းတူစွာ သင်သည် သင်၏နှုတ်ဖြင့် အဘယ်သောအရာကို စိုက်နေသနည်း။ သင်သည်သင်၏အနာဂတ်နှင့် ပတ်သက်ပြီး၊ ကောင်းသောအရာများကိုသာ နှုတ်မှပြောထွက်သောသူဖြစ်ပြီး၊ သင့်၏သား/သမီးများ အနာဂတ်နှင့် ပတ်သက်ပြီးလဲ ကောင်းသောအရာများကိုသာ သင်ပြောနေရင် အချိန်တစ်ခုရောက်လာသည့်အခါ၊ သင့်အသက်တာသော်၎င်း၊ သင့်သားသမီးများ၏အသက်တာတွင်လည်း သင်သည်ကောင်းသောအရာများကိုသာစိုက်ပျိုးသောကြောင့် သင့်နှုတ်၏အသီး ကောင်းသောအသီးများကို သင်စားရမည် ဖြစ်သည်။

❖ ကြားနာသောသူတို့၏အကျိုးကိုပြုစုစေခြင်း

မိမိတို့နှုတ်မှပြောထွက်သောစကားလုံးများသည်
မိမိအတွက်သာမဟုတ်၊
ကြားနာသောသူတို့၏အကျိုးကိုပြုစုစေခြင်းငှါ
သတိနှင့်ပြောရန်လိုအပ်သည်။ တစ်ခါတစ်ရံ မိဘများ သား/သမီးများ
ကြားရန် မလိုအပ်သည့် အရာများ၊ ကြားနာသောသူ
သား/သမီးများ၏ အကျိုးကိုနည်းစေသော
ညစ်ညူးသောစကားများကို နှုတ်မှမထွက်ရန်
အလွန်အရေးကြီးသည်။

ဖေက်သြဝါဒစာ ၄း၂၉
ညစ်ညူးသောစကားတစ်ခွန်းကိုမျှ သင်တို့နှုတ်ထဲက မထွက်စေနှင့်။
ကြားနာသော သူတို့၏အကျိုးကို ပြုစုစေခြင်းငှါ၊
တည်ဆောက်စရာဘို့ ကောင်းသော စကားကိုသာ
သုံးဆောင်ကြလော့။

သုတ္တံကျမ်း ၁၂း၁၈
သန်လျက်နှင့်ထိုးသကဲ့သို့ စကားပြောတတ် သော လူတချို့ရှိ၏။ ပညာရှိတို့၏ လျှာမူကား အနာကို ပင် ပျောက်စေတတ်၏။

အဘိဂဲလ၏အသက်တာတွင် သူ၏ပညာရှိစွာပြောဆိုခြင်းကြောင့် ယောက်ျားနာဗလနှင့် သူ၏အိမ်သားများအားလုံးကို ဒါဝိဒ်၏လက် မှကယ်နှုတ်သကဲ့သို့၊ မိမိလျှာနှင့်နှုတ်တို့ကို သတိထားပြီး၊ ပညာရှိစွာ ပြောဆိုခြင်းအားဖြင့် အနာပျောက်စေသောသူများဖြစ်ရန် ဘုရားသခင် ကောင်းကြီးပေးပါစေ။

iv) သူတစ်ပါးနှင့် နှိုင်းယှဉ်ခြင်း

လူတိုင်းတနေ့ ၂၄ နာရီပိုင်ဆိုင်ရရှိကြသော်လည်း အချို့သော သူတို့၏ အသက်အရွယ်၊ နေထိုင်သည့်နေရာ၊ အလုပ်အကိုင်၊ ကွာခြားမှုများကြောင့် တစ်ယောက်နှင့်တစ်ယောက် ရရှိသည့် ဝင်ငွေမတူကြပေ။ ထိုအရာထက် သာ၍ဝမ်းနည်းစရာကောင်းသည့် အရာဟူမူကား မိမိ၌ ဝင်ငွေရရန်လိုအပ်သည့် အရာအလုံးစုံရှိသော်လည်း၊ မလိုအပ်သောနေရာများတွင် နှိုင်းယှဉ်ပြီး အချိန်ကုန်စေခြင်းပင်ဖြစ်သည်။

မိမိ၏အချိန်များ၊ ခွန်အားများ၊ အစွမ်းသတ္တိများကို သူတစ်ပါးနှင့် နှိုင်းယှဉ်ခြင်းတွင် အသုံးပြုခြင်းပင်ဖြစ်သည်။ လူတော်တော်များများ မိမိတိုးတက်ဖို့ အရေးအတွက် အချိန်ခွန်အား၊ ငွေကြေးအားဖြင့် ရင်းနှီးမြှုပ်နှံသည်ထက် သူတပါးနဲ့နှိုင်းယှဉ်သည့်နေရာတွင် အလွန်စိတ်အားထက်သန်ကြသည်။ မိဘများအသက်တာတွင်လည်း မိမိရဲ့သား/သမီးများအား သူတပါး၏သား/သမီးများနှင့် နှိုင်းယှဉ်တတ်ကြသည်။ သို့သော် မိဘများ သတိမထားမိသောအရာမှာ မိမိတို့နှိုင်းယှဉ်နေသောသူသည် မိမိအားဘုရားသခင်ပေးတော်မူသော သား/သမီးများနှင့်ရုပ်ရည်၊

ဝါသနာ၊ လက်ဗွေ၊ DNA မှအစ ကိုယ့်သား/သမီးများအတွက် ဘုရားသခင်၏ရှုပါရုံများ မတူညီကြပါ။ ထိုကဲ့သို့ မတူညီသောသူနှစ်ယောက်ကို နှိုင်းယှဉ်ရန် မဖြစ်နိုင်ပါ။

❖ ဘုရားသခင်၏ပုံသဏ္ဌာန်နှင့်အညီ

ကမ္ဘာဦးကျမ်း ၁း၃၁

ဘုရားသခင်သည် မိမိဖန်ဆင်းသမျှသောအရာတို့ကို ကြည့်ရှုလျှင်၊ အလွန်ကောင်းသည်ကို မြင်တော်မူ၍၊ ညဦးနှင့် နံနက်သည် ဆဌမနေ့ရက်ဖြစ်လေ၏။

ဆာလံကျမ်း ၁၃၉း၁၄

အကျွန်ုပ်သည် ကြောက်မက်ဘွယ်သော လက္ခဏာ၊ ထူးဆန်းသော လက္ခဏာတို့နှင့် ပြည့်စုံသည် ဖြစ်၍၊ ကိုယ်တော်ကို ချီးမွမ်းပါမည်။ ပြုပြင်တော်မူသော အမှုတို့သည် အံ့သြဘွယ်ဖြစ်ကြောင်းကို အကျွန်ုပ်၏ စိတ်ဝိညာဉ်သည်အမှန်သိပါ၏။

ကျွန်မတို့၏သားသမီးများသည်ဘုရားသခင်၏ပုံသဏ္ဌာန်နှင့်အညီ

တသဏ္ဍာန်တည်းဖန်ဆင်းခြင်းကိုခံရသောသူများ ဖြစ်ကြသည်ကို မိဘများနားလည်ဖို့လိုအပ်သည်။ ဘုရားသခင်သည် သူဖန်ဆင်းသော အရာများကို ကြည့်သောအခါ "အလွန်ကောင်းသည်" ဟုမိန့်တော်မူခဲ့သည်။ ဒီနေ့ သင့်ကိုယ်သင် မှန် တွင်ကြည့်သည့်အခါ မိမိကိုယ်မိမိ အလွန်ကောင်းသည် ဟုမြင်ပါသလား။ မိမိ သား/သမီးများကို ကြည့်တဲ့အခါတွင်လည်း အလွန်ကောင်းတယ် လို့မြင်ပါသလား။ သင်ထိုကဲ့သို့ မမြင်တတ်သေးလျှင် ဘုရားမြင်တတ်သလို မိမိကိုယ်ကို သော်၎င်း၊ သားသမီးများကို သော်၎င်း၊ မိမိနဲ့ပတ်သက်သောသူများအားလုံးကို မြင်တတ်ဖို့ရန် အတွက် သန့်ရှင်းသောဝိညာဉ်တော်ဘုရား ဖွင့်ပြမည့်အကြောင်း ဆုတောင်းပေးပါသည်။
ထို့သို့ဆိုသော် သင့်သား/သမီး၏ ရုပ်ရည်၊ အမျိုးမျိုး ကြောင့်မာန်မာနထားရန် အားပေးခြင်းမဟုတ်ပါ။ သင့်သား/သမီး နှင့်အတူ သူတစ်ပါး၏ သား/သမီးများအားလုံးကို ဘုရားသခင် "အလွန်ကောင်းသည်" လို့ မှတ်ချက်ချထားသည် အတိုင်း သင့်သား/သမီးများကို ကြည့်သည့်အခါ
"အလွန်ကောင်းသည်"၊ သူတစ်ပါး သား/သမီးများကို

ကြည့်သည့်အခါ "အလွန်ကောင်းသည်" ဟုမှတ်ချက် ချနိုင်သောသူ ဖြစ်ဖို့ ဘုရားသခင် ကောင်းကြီးပေးပါစေ။

❖ အသစ်ပြုပြင်သောသတ္တဝါ

ကောရိန္ထုသြဝါဒစာဒုတိယစောင် ၅း၁၇
လူမည်သည်ကား၊ ခရစ်တော်၌ရှိလျှင် အသစ်ပြုပြင်သောသတ္တဝါဖြစ်၏။ ဟောင်းသောအရာ တို့သည်ပြောင်းလဲ၍ ခပ်သိမ်းသောအရာတို့သည် အသစ်ဖြစ်ကြပြီ။

ယခုလက်ရှိအချိန်လျှင်ပင် သင်သား/သမီးများ ရောက်သင့်ရောက်ရမည် နေရာတွင် မရောက်သေးလျှင်သော်၎င်း၊ မိဘများ ကောင်းစွာ အလိုတော်အတိုင် သွန်သင်ဆုံးမ၊ လမ်းပြနိုင်ခြင်းမရှိခဲ့လျှင်သော်၎င်း၊ စိတ်အားမငယ်ဘဲ ခရစ်တော် ရရှိဖို့ အားပေးတိုက်တွန်းလိုပါသည်။ ခရစ်တော်ကို ယုံကြည် မှီခိုတတ်ခြင်းအားဖြင့် အလုံးစုံကို တတ်စွမ်းနိုင်သည့် သန့်ရှင်းသောဝိညာဉ်တော် ကိန်းဝပ်ခြင်းအားဖြင့် မိဘများမှ

မတတ်နိုင်သော သွန်သင်လမ်းပြခြင်း၊ ဘုရားသခင်၏ အလိုတော်အရ လမ်းမှန်သို့ ပွဲကိုင်လမ်းပြပို့ဆောင်ပေးမည်ဖြစ်သည်။

ကမ္ဘာဦးကျမ်း ၁၂:၁-၂

ထာဝရဘုရားသည်လည်း အာဗြံကို ခေါ်တော်မူ၍၊ သင်၏ပြည်နှင့်တကွ အမျိုးသားချင်းပေါက်ဘော် များထဲက ထွက်ပြီးလျှင်၊ ငါပြလတံ့သော ပြည်သို့ သွားလော့။ ငါသည် သင့်ကို လူမျိုးကြီးဖြစ်စေမည်။ ငါ ကောင်းကြီးပေး၍ သင်၏နာမကို ကြီးမြတ်စေမည်။ သင် သည် ကောင်းကြီးခံရသောသူ ဖြစ်လိမ့်မည်။

အာဗြံကို ဘုရားသခင် လာတွေ့သည့်အချိန်တွင် အာဗြဟံဟု နာမည်ပြောင်းခြင်းကိုမခံရသေး၊ သာမန်လူတစ်ယောက်ဖြစ်သည်။ သို့သော် အာဗြံကို လူမျိုးကြီးဖြစ်စေမည်ဟု ပြောခဲ့သည်။ ထိုအချိန်တွင် အာဗြံတွင် သားလဲမရှိသေး လူမျိုးကြီးဖြစ်ဖို့ သူ၏အခြေအနေများကို ကြည့်သောအခါ မဖြစ်နိုင်ပါ။

ထိုကဲ့သို့သော အချိန်ပင်လျှင် ဘုရားသခင်သည် အာဗြံ အား လူမျိုးကြီး ဖြစ်စေမည်ဟု ပြောခဲ့သောသူဖြစ်သည်။

ကမ္ဘာဦးကျမ်း ၁၇:၁၆
သူကိုငါကောင်းကြီးပေး၍၊ သူအားဖြင့်လည်း သင်အား သားကိုပေးမည်။ အကယ်စင်စစ်သူကို ကောင်း ကြီးပေး၍၊ သူသည် လူအမျိုးမျိုးဖြစ်လိမ့်မည်။ သူ၏အမျိုးအနွယ်၌လည်း အပြည်ပြည်သော ရှင်ဘုရင်ဖြစ်ကြ လိမ့်မည်ဟု၊ အာဗြံဟံအား မိန့်တော်မူ၏။

ထို့နောက် အာဗြံဟံ၏မယား စာရဲကို အမည်သစ် စာရာဟု ပြောင်းပေးပြီးနောက်၊ သင့်အားသားကို ပေးပြီး၊ သူသည် လူအမျိုးမျိုး ဖြစ်မည်ဟုဘုရားသခင်သည် အာဗြံဟံအား မိန့်တော်မူခဲ့သည်။

ရှင်မဿဲခရစ်ဝင် ၄:၁၉
ထိုသူတို့အား ငါ့နောက်သို့လိုက်ကြလော့။ သင်တို့သည် လူကို မျှားသောတံငါဖြစ်စေခြင်းငှါ ငါပြု မည်ဟု အမိန့်တော်ရှိလေသော်၊

ငါးမျှားနေသော ပေတရုအားလည်း၊ ဘုရားသခင်သည် လူမျှားသောတံငါဖြစ်စေမည်ဟုမိန့်တော်မူ၏။
ဘုရားသခင်သည် ကျွန်မတို့မမြင်နိုင်သည့် အနာဂတ်ကို မြင်နိုင်သောသူ၊ သိရှိနားလည်သောသူဖြစ်သည်။ ဘုရားသခင်သည် သာမန်လူဖြစ်သောအာဗြံကို လူမျိုးကြီးဖြစ်စေမည်၊ မြုံနေသော စာရာကို သားဖွားစေမည်၊ ငါးမျှားနေသော ပေတရုကို လူမျှားသောတံငါဖြစ်စေမည်ဟု ပြောရခြင်းသည် ဘုရားသခင် တတ်စွမ်းနိုင်ပြီး၊
ထိုသူတို့အားပြောင်းလဲစေနိုင်သောကြောင့်ဖြစ်သည်။
ဒီနေ့ သင့်သား/သမီးများကို သူတစ်ပါးနှင့်နှိုင်းယှဉ်ပြီး အချိန်ကုန်နေမည့် အစား ဘုရားသခင် သင့်သား/သမီးများနှင့်ပတ်သက်ပြီး ဘာတွေကို ပြောနေလဲ ဆိုတာကို စိတ်ဝင်စားသောမိဘ ဖြစ်ဖို့ရန် အရေးကြီးသည်။
ယခုလက်ရှိသင့်သား/သမီးများ ထိုပန်းတိုင်နှင့် အလွန်ဝေးသည်ဟု သင်ခံစားရလျှင် ဘုရားသခင်၏တတ်နိုင်ခြင်းအပေါ်မှာ စိတ်ချစေချင်တယ်။

မှတ်စုများ

အပိုင်း ၁ - ရူပါရုံ

ကောရိန္ထုသြဝါဒစာပဌမစောင် ၁၁:၁
ရှင်ယောဟန်ခရစ်ဝင် ၆:၃၈
ရှင်မဿဲခရစ်ဝင် ၂၆:၃
ရှင်ယောဟန်ခရစ်ဝင် ၁၉:၃၀
ဖိလိပ္ပိသြဝါဒစာ ၂:၅-၁၁
သုတ္တံကျမ်း ၂၉:၁၈
တောလည်ရာကျမ်း ၁၂:၆
တမန်တော်ဝတ္ထု ၂:၃၈
ကောရိန္ထုသြဝါဒစာပဌမစောင် ၁၂:၁၁
ယောလအနာဂတ္တိကျမ်း ၂:၂၈
တမန်တော်ဝတ္ထု ၂:၁၇
ဆာလံကျမ်း ၁၂၇:၃
ဆာလံကျမ်း၁၁၂:၁-၃
သုတ္တံကျမ်း ၈:၁၃

အမွန်မြတ်ဆုံးသော ဘုရားသခင်၏ အမွေဥစ္စာ

ဆာလံကျမ်း ၁၉း၉
သုတ္တံကျမ်း ၂၂း၄
ဓမ္မရာဇဝင်ပဉ္စမစောင် ၂၄း၅-၇
ဟေရှာယအနာဂတ္တိကျမ်း၁၁း၂
ဆာလံကျမ်း၁၁၉း၄၇
ဆာလံကျမ်း၁း၂
ကောရိန္ထုဩဝါဒစာဒုတိယစောင် ၅း၂၁

အမွန်မြတ်ဆုံးသော ဘုရားသခင်၏ အမွေဥစ္စာ

အပိုင်း ၂ - ကလေးများ၏လိုအပ်ချက်များ

တိမောသေဩဝါဒစာပဌမစောင် ၂း၄
ရှင်မဿဲခရစ်ဝင် ၂၅း၄၆
ရောမဩဝါဒစာ ၃း၁၀
ရှင်ယောဟန်ဩဝါဒစာပဌမစောင် ၁း၈
ရောမဩဝါဒစာ ၅း၁၂-၁၃
ရောမဩဝါဒစာ ၆း၂၃
ရှင်ပေတရုဩဝါဒစာပဌမစောင် ၂း၂၄
ရောမဩဝါဒစာ ၁၀း၉
ကောလောသဲဩဝါဒစာ ၁း၁၄
ကမ္ဘာဦးကျမ်း ၆း၅
ရှင်ယောဟန်ခရစ်ဝင် ၃း၁၈
ကောရိန္သုဩဝါဒစာပဌမစောင် ၁၃း၄-၈
သုတ္တံကျမ်း ၁၀း၁၂
ရှင်လုကာခရစ်ဝင် ၁၅း၃၂
ရှင်ယောဟန်ဩဝါဒစာပဌမစောင် ၄း၁၆
ယေရမိအနာဂတ္တိကျမ်း ၁၈း၅-၆

အမွန်မြတ်ဆုံးသော ဘုရားသခင်၏ အမွေဥစ္စာ

ရှင်ယောဟန်သြဝါဒစာပဋ္ဌမစောင် ၃း၂၀
ဆာလံကျမ်း ၁၃၉း၁-၄
ဟေဗြဲသြဝါဒစာ ၁၂း၁၀
သုတ္တံကျမ်း ၁၁း၈
ဖောက်သြဝါဒစာ ၆း၄
ဓမ္မရာဇဝင်တတိယစောင်၃း၉
တရားဟောရာကျမ်း ၆း၆-၇က
တိမောသေသြဝါဒစာဒုတိယစောင် ၃း၁၆-၁၇
သုတ္တံကျမ်း ၂း၄-၆
သုတ္တံကျမ်း ၂၂း၆
ကမ္ဘာဦးကျမ်း ၄၉း၈-၁၃
ဟေဗြဲသြဝါဒစာ ၁၁း၂၀-၂၁
ဟေဗြဲသြဝါဒစာ ၁၁း၁

အမွန်မြတ်ဆုံးသော ဘုရားသခင်၏ အမွေဥစ္စာ

အပိုင်း ၃ - မိဘများ
သတိထားသင့်သည့်အချက်များ

ကမ္ဘာဦးကျမ်း ၃၇း၃-၄
ရှင်မဿဲခရစ်ဝင် ၂၂း၃၆-၃၈
ရှင်ယောဟန်သြဝါဒစာပဌမစောင် ၅း၃
ကောရိန္သုသြဝါဒစာပဌမစောင် ၂း၉-၁၀
ရောမသြဝါဒစာ ၈း၂၈
ကမ္ဘာဦးကျမ်း ၂၂း၁၆-၁၈
ဓမ္မရာဇဝင်ပဌမစောင် ၁း၁၁
ဓမ္မရာဇဝင်ပဌမစောင် ၁း၂၈
သုတ္တံကျမ်း ၁၈း၂၁
ရှင်ယာကုပ်သြဝါဒစာ ၃း၈
သုတ္တံကျမ်း ၁၃း၂-၃
ဖေက်သြဝါဒစာ ၄း၂၉
သုတ္တံကျမ်း ၁၂း၁၈
ကမ္ဘာဦးကျမ်း ၁း၃၁
ဆာလံကျမ်း ၁၃၉း၁၄

အမွန်မြတ်ဆုံးသော ဘုရားသခင်၏ အမွေဥစ္စာ

ကောရိန္ထုဩဝါဒစာဒုတိယစောင် ၅း၁၇
ကမ္ဘာဦးကျမ်း ၁၂း၁-၂
ကမ္ဘာဦးကျမ်း ၁၇း၁၆
ရှင်မဿဲခရစ်ဝင် ၄း၁၉

ကျွန်ုပ်စာအုပ်ကိုဖတ်ခြင်းအားဖြင့် မိမိအားဘုရားသခင် ပေးတော်မူသော အမွေသား/သမီးများ၊ ပေးလာဦးမည့် အမွေ သား/သမီးများ အားလုံးနှင့်ပတ်သက်၍ သူတို့အပေါ်တွင် ထားသော ဘုရားသခင်၏ရှုပါရုံများကို သိရှိနားလည်ပြီး၊ ထိုရှုပါရုံများပြည့်စုံလာရန် နှုတ်ကပတ်တော် တွင်ဖော်ပြထားသော မိဘအုပ်ထိန်းခြင်းနည်းလမ်းများအတိုင်း သွန်သင်နိုင်သော မိဘများ ဖြစ်မည့်အကြောင်း အယောက်ဆီတိုင်း အပေါ်တွင် ဘုရားသခင် ကောင်းကြီးပေးပါစေ။